Praise for *[gamerover]*

"What position does one play in the long-running game of who belongs and who does not? The Latin American poet-immigrant in this book, his avatar, at first doesn't know. But when a rock is thrown at him as he walks down a street in the Southwest, he begins to understand that there is a long trajectory to be mapped between the arm holding the rock and his own body, a counter-map that reveals a history of violence, erasure, and white supremacy. One can also create a new game and assemble the players, bringing together poets and their words to respond to these histories and hostilities, 'with the frequency of those deported,' to reveal 'a chain of griefs.' Giancarlo Huapaya's *[gamerover]*, in this skillful translation by Ryan Greene, is the hope I need now: that collectively, through art, we can see more clearly and enact change."

—Rosa Alcalá, author of *YOU*

"Giancarlo Huapaya navigates the fluidity of a lyricism that becomes static when it ignores arrests, shackles, cages, zoos, world fairs, circuses and other panopticons where death is replicated, and colonial epistemes are reproduced. In its pages, goods and languages circulate, displacing a body marked by migrant becoming. In any phrase, *[gamerover]* lies in wait. At any turn, poetry responds by opening fine cracks, through which the possibility of another world may enter. In this new bilingual edition, translated by Ryan Greene, languages spiral beyond the feedback loop we call survival."

—Roque Raquel Salas Rivera, author of *lo terciario/ the tertiary*

"*[gamerover]*—Games are over. Game rover. And all the permutations that twist and scale and scream and bend. This is explosive poetry, and somehow Giancarlo Huapaya has found a form for the explosivity and too-muchness of caged-up children, chained-up migrants, and white supremacist massacres. *[gamerover]* presents an archive of voices and epistemologies that build and define and synthesize and detonate and move us, forcefully and brilliantly, through historical kidnappings and present-day disappearances. This is a vital and necessary book, for how it's written, for its sense of urgency and critique, and for its focused awareness of what it means to make art—an optimistic and vibrant art—amid the rotten folds of empire, hatred, and capital. Ryan Greene's work as a translator these past few years has been daring, incisive and important, and this continues to be true here. I am energized and awed by Greene and Huapaya's translational collaboration, and thankful for these two extraordinary artists who escort us through this hypnotic, arresting, game."

—Daniel Borzutzky, author of *The Murmuring Grief of the Americas*

Further Praise for Giancarlo Huapaya

". . . [Giancarlo's] poetry vibrates, it crackles, and it allows me to fully move across the visceral and cerebral planes, back and forth, always circling in towards a core of human experience, a painful or beautiful truth about the nature of humans as political, sexual, sanguine beings."

—Ilana Dann Luna, *ANMLY*

"Giancarlo Huapaya relentlessly pushes language past the confines of convention: he is a poet for whom poetry is ultimately the evolution of language."

—Shook, author of *Our Obsidian Tongues,* and
translator of Jorge E. Eielson´s *Room in Rome*

"Through the most active forms of conceiving of bodily politics—systematically restricted by its binaries—Giancarlo Huapaya's postporno book, proposes a revolt beginning with the dynamic textual agitations that subvert the centrality of normative and monographic bodies. Organs open to radiances that extend into prostheses that write in pluralistic camps, the nest of the distended organic in its specular syntax and imaginaries are reprocessed to open landscapes that illuminate and defeat the canonical and colonial text of sexual order."

—Carmen Berenguer, author of *My Lai*

"Giancarlo Huapaya's *Sub Verse Workshop* is positioned in an inflection point between the rhetoric of a manifesto, the argumentation of an essay and the illogic of a poem. This singular mix would seem radically opposed to any heavy literarity, and in fact, seeks its language on the outskirts of a conceptual metafilmic postporno in which performers, suddenly, begin to moan elaborate political formulations on the very act they are embodying in order to tell us that that's, in fact, life."

—Juan José Rodinás, Casa de las Américas Prize, and author of *Koan Underwater*

"Giancarlo Huapaya's project through cultural construction redefines our relationships to other, an ever-changing process of construction, rather than an immovable or hereditary fact that remains static over time."

—Paul Guillén, author of *Historia secreta*

[gamerover]

ALSO AVAILABLE IN ENGLISH TRANSLATION BY GIANCARLO HUAPAYA

Taller Sub Verso / Sub Verse Workshop (tr. Ilana Dann Luna)

[gamerover]

•

giancarlo huapaya

•

Translated from the Spanish by Ryan Greene

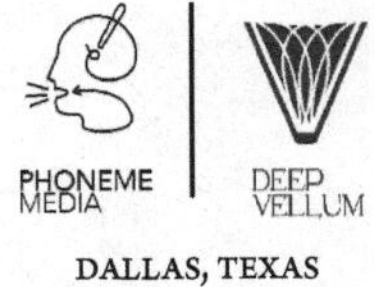

DALLAS, TEXAS

Phoneme Media, an imprint of Deep Vellum Publishing
3000 Commerce St., Dallas, Texas 75226
deepvellum.org · @deepvellum

Deep Vellum is a 501c3 nonprofit literary arts organization founded in 2013 with the mission to bring the world into conversation through literature.

Originally published in Spanish as *[gamerover]* by Album del Universo Bakterial, Lima, Peru, in 2023.

FIRST ENGLISH EDITION, 2025

Support for this publication has been provided in part by the National Endowment for the Arts, the Texas Commission on the Arts, the City of Dallas Office of Arts and Culture, the Communities Foundation of Texas, and the Addy Foundation.

ISBNs: 978-1-64605-375-9 (paperback) | 978-1-64605-388-9 (ebook)

LIBRARY OF CONGRESS CATALOGING-IN-PUBLICATION DATA
Names: Huapaya, Giancarlo, 1979- author. | Greene, Ryan, 1994- translator.
Title: [gamerover] / Giancarlo Huapaya ; translated from the Spanish by Ryan Greene.
Other titles: [gamerover]. English
Description: Dallas, Texas : Phoneme Media ; Deep Vellum, 2025.
Identifiers: LCCN 2024054151 (print) | LCCN 2024054152 (ebook) | ISBN 9781646053759 (trade paperback) | ISBN 9781646053889 (ebook)
Subjects: LCSH: Huapaya, Giancarlo, 1979---Translations into English. | LCGFT: Poetry.
Classification: LCC PQ8498.418.U28 G3613 2025 (print) | LCC PQ8498.418.U28 (ebook) | DDC 861/.7--dc23/eng/20250101
LC record available at https://lccn.loc.gov/2024054151
LC ebook record available at https://lccn.loc.gov/2024054152

Cover art and design by Arturo Higa
Interior Layout and Typesetting by KGT and Mutandis

PRINTED IN CANADA

CONTENTS

DOBLAJE 8
TWOFOLDING 9

TERRITORIO 30
TERRITORY 31

SCENIC VIEWS 50
SCENIC VIEWS 51

LEY DE LA FERIA 62
LAW OF THE FAIR 63

ENCANTO 88
ENCANTO 89

RUEDA DE LA FORTUNA 102
WHEEL OF FORTUNE 103

SPLIT-SCREEN 120
SPLIT-SCREEN 121

ARCADES 136
ARCADES 137

Translator's Note 150

Acknowledgments 152

Biographical Information 157

[gamerover]

DOBLAJE

TWOFOLDING

*

Dobla   presiona el cuerpo   contra el mismo cuerpo   y mantén
luego duplica   debe haber   un llegar
debe haber   *un paisaje*
para errar   *sin moverse*   se origina al   hacer pliegues
para moverse   entre   el punto   quieto
y el móvil
porque el nómada   *nunca abandona*
los confines   *de la mente*
llegar es   la interrupción
de una continuidad
“but you   look normal”   me examina   el hombre
en la oscuridad   de la bienvenida   el piso es
un techo inestable   son olas de   polvo
mantengo el equilibrio
bajo el peso   del doblaje
llegar implica decir   doblar proyecta
una imagen   de sí mismo   la calle
parece un centro   comercial en ruinas
llegamos buscando   casas   a través de ventanas
WE   BUY   FIRE
DAMAGED   HOUSES
advierte   un pequeño letrero   clavado en   la esquina
de un desierto   vacante   llegar es
aguantar   la seguridad
confundir suficiencia   con sometimiento   *también la oscuridad*
viaja a la velocidad   *de la*   *luz*
pero su silencio   por sí solo   no es   suficiente
se dobla para esconder   para mostrar
solo las puntas   de un pájaro

*

Fold press the body against the selfsame body and hold it
then duplicate there has to be an arrival
there has *to be* *a landscape*
for wandering *in place* it originates with the folding
to move along between the point that's still
and the one that moves
for the nomad *never leaves*
the confines *of the mind*
arrival is the interruption
of a continuity
"but you look normal" the man examines me
in the darkness of the welcome the floor is
an unstable roof they're dust waves
I keep my balance
under the weight of the twofolding
arrival implies speaking folding projects
an image of oneself the street
looks like a shopping mall in ruins
we arrived house-hunting through windows
WE BUY FIRE
DAMAGED HOUSES
warns a small sign driven into the corner
of a vacant desert to arrive is
to bear security
to confuse sufficiency with subjugation *darkness also*
travels at the speed *of light*
but its silence alone isn't sufficient
it folds to hide to show
just the tips of a bird

antes de llegar googleé a la ciudad

ESTÁS AQUÍ → ● *la sangre corre* *por el banco de datos*

encontrarse *cruzarse de caminos* *moverse a través* *del sistema*

se mueve con el miedo de la presa

EL SHERIFF HIZO MARCHAR A 220

INMIGRANTES CON GRILLETES POR LAS CALLES

HACIA LA PRISIÓN DE LAS CARPAS

RODEADA POR UNA CERCA ELÉCTRICA

una superposición *cartográfica* *una línea roja* *que traza el curso*

desplazándose *a través* *de montones* *de vidrio esmerilado*

para demostrar por acumulación

llegar es ser parte de un paisaje

sin ser percibido

tomé muestras del suelo para

mapear mi velocidad

una serie de acciones

que se repiten

hasta que no se notan

y permiten *que unos cuerpos* *ocupen*

espacio *restringiendo* *la movilidad* *de otros*

¿qué nos dicen de su memoria

sus púas?

los espacios públicos

toman forma *a través* *de las acciones*

habituales de los *cuerpos*

BAJO SU VIGILANCIA LAS TASAS DE DELITOS VIOLENTOS SE

DISPARARON EN TÉRMINOS ABSOLUTOS Y EN RELACIÓN

CON OTRAS JURISDICCIONES DESVIÓ

RECURSOS DE LAS FUNCIONES BÁSICAS DE APLICACIÓN DE LA LEY

HACIA LAS MUY PUBLICITADAS REDADAS DE INMIGRACIÓN

los espacios son *como una segunda piel*

que se despliega en los *pliegues del cuerpo*

before arriving I googled the city

YOU ARE HERE → ● *blood runs* *through the data bank*

meeting up *crossing paths* *getting a move* *on through* *the system*

one moves with the fear of the prey

THE SHERIFF FORCED 220 IMMIGRANTS

TO MARCH IN SHACKLES THROUGH THE STREETS

TO THE TENT CITY

SURROUNDED BY AN ELECTRIC FENCE

a mapped *overlay* *a red line* *charting the course*

shifting through *stacks of* *frosted glass*

so as to show through accumulation

to arrive is to be part of the landscape

without being noticed

I took soil samples to

map my velocity

a series of actions

that are repeated

until they go unnoticed

and that allow *some bodies* *to take up*

space *by restricting* *the mobility* *of others*

what do its barbs tell us

about its memory?

public spaces

take shape *through* *the habitual*

actions of *bodies*

UNDER HIS WATCH VIOLENT CRIME RATES RECENTLY HAVE

SOARED BOTH IN ABSOLUTE TERMS AND RELATIVE

TO OTHER JURISDICTIONS HE HAS DIVERTED

RESOURCES AWAY FROM BASIC LAW-ENFORCEMENT FUNCTIONS

TO HIGHLY PUBLICIZED IMMIGRATION RAIDS

spaces are *like a second skin*

that unfolds in *the folds of the body*

doblar es hacer copia *aumentar algo*

haciéndolo *otro tanto* *más de lo que era*

se extiende como falsificación

una afectación del cuerpo hacia la dependencia

traigo mis encuentros *pasados* *cuando llego*

el hombre con tono confundido

me dice "here there are real crimes"

pinta esta trama *más morena*

"pero este techo es seguro" y su movimiento de empuje

es porque esta casa fue antes

un albergue temporal

luz *es ese animal* *visible de* *lo invisible*

estar en silencio es una máquina que suena

"el barrio comenzó a gentrificarse

y lo primero que se movió fue

lo temporal"

llegué a Phoenix el 21 de febrero del 2015

y mi peso y mi velocidad variaron

llegar es verificarse es ser verificado

es doblar es volver una cosa sobre otra

SILENCIO NO

INTIMATE CONTACT

dice una pared en Grand

estar allá es doblarse frente a

la ceniza

¿luzco normal como qué?

donde no *puedes estar*

en los mapas *como en tus* *pensamientos*

volverse es traducirse es torcer

volverse es enviarse

to fold is   to make a copy   *to increase   something*
    making it   into something   more than it was
it spreads   like   counterfeit
    an affectation   of the body   toward   dependence
        I bring my past   encounters   with me   when I arrive
    the man   in a confused tone
tells me   "here   there are   real crimes"
                paint more brown   into the plot
"but this roof   is safe"   and its sway   when pushed
is   because this house   used to be
        a temporary   shelter
            light   is that visible   animal of   the invisible
        being in silence   is a noisy   machine
            "the neighborhood   began   to be   gentrified
            and the first thing   moved   was
                    the temporary"
I arrived   in Phoenix   the 21st of   February   of 2015
            and my   weight and   my velocity   shifted

to arrive   is   to verify   yourself   is to be   verified
    is   to fold   is to turn   one thing onto   another
            SILENCE   NO
                INTIMATE   CONTACT
    says a wall   on Grand
                to be there is   to double   over before
                                the ash
¿luzco normal   como qué?
                where you   can't be
        in maps   as with your   thoughts
                to return is   to self-   translate   is to twist
            to turn back is   to send   yourself

girar el cuerpo para mirar lo que está detrás
el desierto es el paisaje de la desaparición
coordinada

to spin your body to watch what's behind

the desert is the landscape of coordinated

disappearance

**

qué rol tiene une en el juego
algunes amigues salieron
vives de la máquina asesina
en la que el GOBIERNO DE LOS ESTADOS
UNIDOS CONVIRTIÓ AL DESIERTO
DE SONORA DESDE 1994
dobla sobre une *en eso que empuja*
lo que se atraganta entre el lenguaje
de sus estrategias *hay cadáveres*
EL RÉGIMEN MILITARIZÓ PUERTOS URBANOS
DE LA FRONTERA PARA EMPUJAR A PERSONAS A CRUZAR
POR EXTENSAS ÁREAS REMOTAS Y PELIGROSAS
llegar haciendo tanto buscar lenguaje coincidente
a veces ese une cruza la frontera
para entregarse luego una serie
de dobleces hasta quebrarle
y si me refiero a lo pensado
temporal como alguien
que hace visible el acordeón
se estira muestra las marcas luego duplica
intermitente por los archivos
cómo suena entre los huecos cómo toco
las teclas para dejar de sonar monosílabo
así se destapa así les encontré
escribiendo sobre distancias
de espera y sonidos subterráneos
de aguas volverse obediencia pero
volverse hacia una página vacante
para habitar pero seguir siendo nombrade sin valor

**

what role does one play in the game
some friends made it out
alive from the murder machine
that the UNITED STATES
GOVERNMENT TURNED THE SONORAN
DESERT INTO STARTING IN 1994
it folds over one *in that which* *pushes*
what chokes between the language
of its strategies *there are cadavers*
THE REGIME MILITARIZED THE BORDER'S URBAN
PORTS OF ENTRY TO PUSH PEOPLE TO CROSS
THROUGH VAST REMOTE AND DANGEROUS AREAS
to arrive doing so much to seek coincident language
sometimes that someone crosses the border
to surrender then a series
of foldings until breaking them
and if I refer to what's considered
temporary as someone
who makes visible the accordion
stretches shows the marks then duplicates
intermittent through the archives
how it sounds between the gaps how I play
the keys to stop sounding monosyllabic
that's how one uncovers that's how I met them
writing about distances
of waiting and underground sounds
of waters to turn into obedience but
to turn toward a vacant page
to inhabit but to keep being named worthless

llegar es mapear con la lengua
ser un número que designa una frecuencia
un documento puede ocuparte hasta
volverte espectadore de ti misme
¿qué nos dicen de un canto
su fecha su coordenada su interrupción?
un documento puede ser la diferencia
entre la sospecha o que te empujen dentro
de un documento más violento
un documento no detendrá a los hombres
que creen que quebrar personas *es parte de su oficio*
depende de lucir o
llegar es florecer
hasta que de repente el fuego
se dobla para restringir
hacer más pequeño el cruce
durante el tiempo que dura
lo que se dice irrepetible

NO INVESTIGÓ MÁS DE 400 CASOS DE DELITOS
SEXUALES MUCHOS INVOLUCRABAN A NIÑOS DE 2
A 16 AÑOS MUCHAS DE ESTAS VÍCTIMAS
ERAN HIJOS DE INMIGRANTES INDOCUMENTADOS
todo comienzo es solo una secuela
¿qué nos dice de su memoria
la forma de su voz?
escribimos para notar los pliegues
EL SHERIFF ORDENÓ
EL DESPLIEGUE DE ARMAMENTO PESADO
DURANTE LA REDADA
porque dicen que
es disuasorio

to arrive is   to map with one's   tongue
to be   a number   designating   a frequency
a document   can occupy you   until
it turns you into   a spectator   of yourself
what do a   song's   date
its coordinates   its interruption   tell us?
a document   can be   the difference
between suspicion   or them   pushing you   into
a more violent   document
a document   won't stop   the men
who believe   that breaking   people *is part*   *of their job*
it depends   on shining   or
to arrive is   to bloom
until   all   of a sudden   the fire
doubles back   to restrict
to make   the crossing   shorter
for as long   as what's called
unrepeatable   lasts

HE FAILED   TO INVESTIGATE   MORE THAN 400   SEX-CRIME
CASES   MANY INVOLVED   CHILDREN FROM 2
TO 16 YEARS OLD   MANY OF THESE VICTIMS
WERE CHILDREN   OF UNDOCUMENTED   IMMIGRANTS
every beginning is only   *a sequel*
what does   the shape   of its voice   tell us
about   its memory?
we write   to note   the creases
THE SHERIFF ORDERED
THE DEPLOYMENT   OF HEAVY WEAPONRY
DURING THE RAID
because they say it's
a deterrent

los hizo marchar porque dicen
que es disuasorio
estoy *en una guerra* *no*
estoy en un juego *de guerra* no
estoy en un espectáculo militar no
estoy en esta página vacante
delimitada por llamadas telefónicas denunciando
traducción qué lenguas orientan aquí
el espectáculo *si te preguntaran* *quién eres*
primero tendrías *que saber*
quiénes eran
el Sheriff estuvo en el poder durante 25 años
el poema es esperanza
dura contra la redada
"cada vez que me cruzo
con gente que está hablando en español
cambian inmediatamente al inglés" me dice Eme
LA MUERTE DE EXTRANJEROS QUE INTENTAN ENTRAR
ES UN INDICADOR DE LA EFECTIVIDAD DE LA ESTRATEGIA
dice el informe

he made them march because they say
it's a deterrent
I am *in a war* *no*
I am in a game *of war* no
I am in a military spectacle no
I am on this vacant page
walled in by phone calls denouncing
translation which tongues orient here
the spectacle *if they ask you* *who you are*
you would first *have to know*
who they were
the Sheriff was in power for 25 years
the poem is hope
hardened against the raid
"every time I pass
people who are speaking Spanish
they immediately switch to English" Em tells me
THE DEATH OF ALIENS ATTEMPTING ENTRY
IS AN INDICATOR OF THE STRATEGY'S EFFICACY
reads the report

***

al llegar   a esta intersección
entre McDowell y la 15th
su avatar   lanzó   una piedra
desde el otro   lado
de la calle   y me cayó
en   el cuerpo
mi avatar   volteó a mirarle
y decidió pensar
que había sido un error
¿qué sucedió   en la ecuación
de lo que voló
cayó   dentro   o nadie lo estuvo
mirando?
no escribirnos sin cuerpo   *no*
escribimos   *sin cuerpo*   una
palabra hace   trayectoria   desde
antes   de   ser   lanzada
estamos jugando   *un juego*   *llamado*
compromiso de   *resistencia*   y escribimos
dureza   para que   la caída   no sea   tan dura
un avatar   identifica   a un usuario   y depende   de
una jugabilidad
que le han   programado
¿cómo llega   *el objeto*   *al campo*
de visión   *de une?*

en el doblaje   el asentamiento
qué se mueve   aquí
sobre qué   material   se habita
en mi aldea   urbana
acumulo   versiones de normalidad   al doblar

***

arriving at this intersection
of McDowell and 15th
their avatar threw a rock
from the other side
of the street and it fell
onto my body
my avatar turned to look
and chose to think
it had been a mistake
did what happened in the equation
of that which flew
fall inside or was nobody
watching it?
no writing ourselves *without bodies* *we*
do not *write* *without* *bodies* a
word traces a trajectory from
before it is thrown
we're playing *a game* *called*
pledge of *resistance* and we write
hardness so the fall won't be as hard
an avatar identifies a user and depends on
a playability
they've been programmed with
how does the *object arrive* *into one's*
field *of vision?*

in the twofolding settling
what moves here
what material is inhabited
in my urban village
I accumulate versions of normalcy when folding

hasta ser respuestas de otres

mi casa limita con un gran bloque de concreto

al que llaman fairground

en un distrito histórico llamado Fairview

el viento es una cosa difícil de dibujar

simultánea orientación

entre mi punto temporal y la quietud

de este soporte

pero voy en desfase y

mi cuerpo horizontal en la tierra existe

orientado a todas las innovaciones de lo *fair*

qué dirección de los sentidos quieres interrumpir

cuando el proyectil intenta aislar

el movimiento

mi avatar depende de motivos ulteriores

cuáles son los puntos cardinales

que estás confundiendo

fair designa

la amplia luz del día pero *fairview* la regulación

del panorama fiel

mi avatar de las

distancias camina por

la data pavimentada

entre lo histórico y lo

personal cuántas capas necesitamos levantar

el fairground tiene grietas en su suelo

el esfuerzo de tensión supera

el esfuerzo de la materia y abre una distancia

que puede ser medida a través de sueños

un avatar es doblaje y

un documento te mira

a través de los ojos de otro

tras la materialidad del lenguaje

hay un cuerpo imaginado

until I am   others' responses
my house borders   a   huge block   of concrete
they call   fairground
in a historic   neighborhood   called   Fairview
wind is a   *difficult thing*   *to draw*
simultaneous   orientation
between my   temporary point   and the stillness
of this scaffold
but I'm   out of step   and
my body   horizonal   on the ground   exists
oriented   toward all   the innovations   of the *fair*
which of the   senses' directions   do you want   to interrupt
when the projectile   attempts to isolate
movement
my avatar   depends on ulterior   motives
what are the   cardinal points
that you're   confounding
fair designates
broad day   *light*   but *fairview*   the regulation
of the true panorama
my avatar of
distances   walks through
the paved   data
between the historic   and the
personal   how many   layers do we need   to peel back
the fairground has   cracks in its concrete
the tensile   stress exceeds
the strength   of the material   and opens a   distance
that can be   measured   in   dreams
an avatar   is   a twofolding and
a document   watches you
through the   eyes of another
behind the   materiality   of language
there's an imagined   body

donde entran en tensión las historias
de éxito
ferial lleva en sus grietas la división
de competencia y
en este • seco *cualquier*
cosa podría ser *un espejo acoplado*

where success stories come into
tension
fairground carries in its cracks the division
of competition and
in this dry • *any*
thing can be *a coupled mirror*

TERRITORIO

TERRITORY

*

"Esta ciudad está
gobernada por viejos blancos ricos"
me repitieron
"cómo se les situó
en el lugar" pregunté

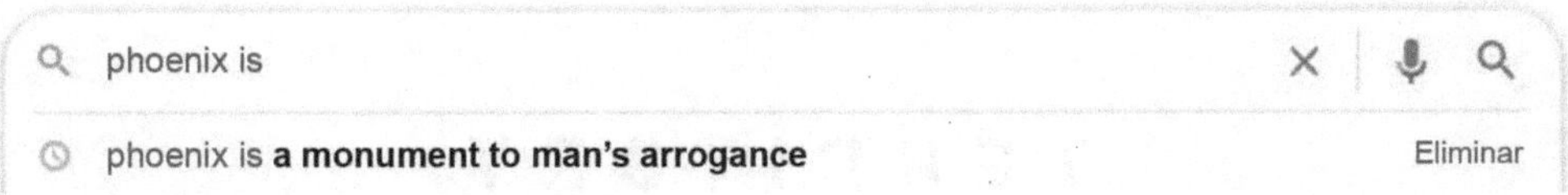

phoenix is
phoenix is **a monument to man's arrogance** Eliminar

fue la primera respuesta del algoritmo
diálogo de la animación tras exponerse a
111 grados Fahrenheit
bajo ese calor
una anciana me señala desde su balcón
qué ramas de su jardín debo cortar
las búsquedas desorientan el territorio
hay un sol partido en dos y una sombra
espesa en la escisión
¿cuál es la rama que no veo?
en 1938 en el editorial de un periódico local
el dueño de grandes almacenes Barry Goldwater
escribió *los empresarios deben gobernar*
mientras la élite de LA CÁMARA DE COMERCIO DE FÉNIX
VENDÍA LA CIUDAD COMO UN TERRITORIO LIBRE
DE REGULACIONES CON IMPUESTOS
BAJOS PARA LAS CORPORACIONES Y SIN SINDICATOS
la pregunta no es sencilla no puede responderse
proporcionando una biografía del objeto como
si este tuviera una existencia independiente
de los puntos en los que se ve

*

"This city is
governed by rich old white men"
they kept telling me
"how did they get placed
here" I asked

phoenix is
phoenix is **a monument to man's arrogance** Eliminar

was the algorithm's first response
the animation's line after exposing herself to
111 degrees Fahrenheit
under that heat
an old lady points out from her balcony
which of her garden's branches I should cut
searches disorient the territory
there's a sun split in two and a shadow
thick in the excision
which branch am I not seeing?
in 1938 in the editorial pages of a local newspaper
the owner of huge department stores Barry Goldwater
wrote *businessmen must govern*
as the elites in THE PHOENIX CHAMBER OF COMMERCE
WERE SELLING THE CITY LIKE A TERRITORY FREE
FROM REGULATIONS WITH LOW
CORPORATE TAXES AND WITHOUT UNIONS
the question is not a simple one it cannot be answered
by providing a biography of the object as
if the object had an independent existence
from the points at which they are viewed

* dice un afiche en 1939 *una powerful story* *de*

nueve *personas que se* *desconocen*

la estridencia parece una falsificación del respiro

aventureros viajan a través

del desierto y casi al final de su trayectoria

cuando la empatía rodeada de imponentes

erosiones es la perspectiva

les atacan nube de polvo en trávelin *les atacan*

a campo *abierto* proyectan en varias funciones

en los monumentos del valle *les atacan* con

incompetencia y *ellos* *solo se defienden* repiten

entre el reel y lo real la ansiedad de un bucle

algunas ramas están más calientes que otras

y necesitan más precisión tras el impulso

Fénix es *ocotillo verde* *tras hediondilla seca*

un *mezquite* *encorvado*

¿cómo se define el • operativo

una visión *crucial que* *compone*

un *retrato?* hay un monumento del

director como descubridor de esta tierra

la pregunta no puede responderse

sin vincular *las formas* *aceptadas*

de conocimiento las formas aceptadas de

expansión si *la producción*

de cartografías *hizo que* *se perdieran*

más tierras *nativas* *que*

un conflicto *físico* y las ramas en el jardín

alteran el orden de lo doméstico al mismo tiempo

que esconden ángulos conexiones y polvo

¿desde qué posición

de la roca se ve

mejor el movimiento de cámara

de la gran escala?

la élite liderada por Goldwater

*   on a poster   in 1939   *a powerful story*

of nine   *strangers*

the stridency   sounds like   a counterfeit   of breath

adventurers   travel across

the desert   and near the   end of their   trajectory

when empathy   surrounded by   impotent

erosions   is the   perspective

they attack   *them*   dust   cloud in   traveling shot   *they attack*   *them*

in an open   *field*   they project   various   showings

onto the   valley's   monuments   *they attack*   *them*   with

incompetence   *and they're just*   *defending themselves*   they repeat

between   the reel   and the real   the anxiety   of a loop

some branches   are   hotter   than others

and require more   precision   after the thrust

Phoenix is   *green ocotillo*   *behind dry creosote*

a *hunched*   *mesquite*

how   is the   operative •   defined

a crucial   *vision*   *that*   *pieces together*

a *portrait?*   there's a monument   of the

director   as this land's   discoverer

the question can   not be answered

without linking   *the accepted*   *forms*

of knowledge   the accepted   forms of

expansion   if   *native people*

have lost   *more land*   *through*

mapping   *than*   *through*

physical   *conflict*   and the garden's   branches

alter   the order   of what's domestic   just as they

hide   angles   connections   and dust

from which position

on the rock   can you

best see the camera's   movement

at large   scale?

the elite   led   by Goldwater

se describía a sí misma como
una *fuerza* *modernizadora* *de vanguardia*
un detrás dependiente
en la proximidad de la balada
el coro
no es repetición *sino insistencia*
cuando el guion dice *savage!*
el objeto es colocado
a través de luz parte se absorbe
parte se refleja
desde orientación un esplendor elíptico
actualiza equipo que se anuncia
en el billboard escénico
inserta deseo que parasita paisaje
desde el futuro el áspero himno:
el extremismo *en defensa*
de la libertad
~~de las compañías~~ *no es un vicio*

* en el escenario la nueva tierra
ganaba una nueva aspiración para el valor
el sportsman
símbolo del imaginario
de caza y armas del oeste
y resultado de una exitosa gestión de la
identidad *masculina* *blanca* *estadounidense*
en la *cultura de consumo* *emergente*
algunas ramas están más duras que
otras y según la anciana con volumen de
historia no estoy cortando las ramas que señala
esas que se interponen en el camino de

described themselves as
a *vanguard* *modernizing* *force*
a behind dependent
on the proximity of the ballad
the chorus
it's not repetition *but insistence*
when the script says *savage!*
the object is situated
through light part is absorbed
part is reflected
from orientation an elliptical splendor
updates equipment advertising
on the scenic billboard
inserts desire parasitizing landscape
from the future the harsh hymn:
extremism *in the defense*
of liberty
~~of companies~~ *is no vice*

* on the stage the new world
was gaining a new aspiration for value
the sportsman
symbol of the west's imaginary
of hunting and firearms
and result of successful management of
white *American* *male* *identity*
in the *emerging* *consumer culture*
some branches are harder than
others and according to the old lady with the volume
of history I'm not cutting the branches she's pointing at
those blocking the path of

las otras o están invadiendo
o se ven fuera de lugar
un avatar puede ser
un juego de sombras
pero algo no está siendo reproducido
Fénix es *jabalina prieta* *tras peñasco*
rojo *desgastado* *una oración* *perdida*
se repite superficie y se le imprime
VIRGEN en el cielo de
la página
delante de *una profunda* *y*
sangrienta *tradición de* *vigilantismo*
principales *fabricantes* de vehículos e *insumos*
para el *sector defensa* *abrieron plantas* *seguidos por*
corporaciones *aeronáuticas* *y electrónicas*
en esta línea asfaltada se anuncian
aluminio neumáticos y un abismo
¿qué imaginó el mercado de la impresión
para la tecnología del borrado?
cojo la lampa y recojo la maleza
de la lucha a campo abierto

* publicada en Fénix por el
Departamento de Transportes de Arizona
sus páginas ofrecían los entornos naturales
como *comodidades de un estilo* *de vida*
para el ocio *y la recreación* *de hombres* *de familias*
anglosajonas de élite *recién*
equipados con *automóviles*
un pronóstico se mapea para
planificar el alcance de la aceleración

the others or   invading
or looking   out of place
an avatar   can be
a game of   shadows
but something   isn't being   reproduced
Phoenix is   dusky javelina   behind timeworn
red   crag   a lost   prayer
surface   is repeated   and VIRGIN   is printed
on the sky   of
the   page
before   *a deep   and*
bloody   tradition of   vigilantism
major   manufacturers   of vehicles   and *defense*
sector supplies   opened plants   followed by
aeronautical   and electronics   corporations
on this asphalted   line   they advertise
aluminum   tires   and an abyss
what did   the printing market   imagine
for   the technology   of erasure?
I grab the   rake and   gather the weeds
from the   open-   field fight

*   published in Phoenix   by the
Arizona Department of   Transportation
its pages offered   the natural   surroundings
as   *lifestyle   amenities   for leisure*
and recreation   targeted at   elite
anglo   family   men   newly
equipped with   automobiles
a forecast   is mapped   to
plan   the scope   of the   acceleration

los paisajes en las fotografías
de Ansel Adams en *Arizona Highways*
no estaban desocupados
imagina miles de pequeñas autopistas
siempre corriendo dentro de ti
Fénix es oxímoron: verde desierto tras
silencio ensordecedor
un mirto crespón con delicadas
flores moradas ornamenta un lado del jardín
y funciona como pantalla del área privada
miro al cielo un cúmulo de polvo podría servir
como mi protector solar pero sofoca
un mapa es un objeto sensor que se disfraza
de código universal
el marco atrapa calor intento ventilarme
pero estoy exhausto
un automóvil produce afectos por distancias
desde la fantasía aérea el espectador es un • ciego
¿qué estoy dejando atrás
en el horizonte que confunde profundidad
con una atención a la superficie?
NO ESTÁS AQUÍ → • pero algo se está
ocultando en tu lenguaje mientras admiras las constelaciones
desde el observatorio del Vaticano en tierras sagradas
indígenas una escena de la naturaleza amenaza
la perfección del cautiverio y en la autopista la cámara
oculta en el saguaro vigila tu vehículo

* gracias a su éxito en la industria seguimos
atrapades en la ~~repetición~~ insistencia
¿los cuerpos reproducidos en campo
abierto *no están realmente muertos*?

the landscapes in the photographs
by Ansel Adams in *Arizona Highways*
were not unoccupied
imagine thousands of small highways
always running inside of you
Phoenix is an oxymoron: green desert behind
deafening silence
a crepe myrtle with delicate
purple flowers adorns one side of the garden
and serves to screen in the private area
I look at the sky a cumulus of dust acts
as my sunscreen but it stifles
a map is a sensory object masquerading as
universal code
the frame traps heat I try to ventilate myself
but I'm exhausted
an automobile produces affections for distances
from the airborne fantasy the spectator is an unseeing •
what am I leaving behind
in the horizon that confuses depth
with an attention to the surface?
YOU ARE NOT → • but something is
hiding in your language as you admire the constellations
from the observatory run by the Vatican on sacred
Indigenous lands a scene of nature threatens
the perfection of captivity and on the highway the camera
hidden in the saguaro monitors your vehicle

* thanks to its success in the industry we are
trapped in the ~~repetition~~ insistence
the bodies reproduced on the open
field *aren't really dead*?

monumental lleva en   su raíz
el sentido   de alerta y
mi avatar   es una certeza   de una cadena   de suministros
Fénix bruñe   *la piel* *es*   *oasis* *incandescente*
mi mano terrosa   escribe   *la parte más*
inútil del   *cadáver*
no es   sangre   para
alimentar   sino para   colgar
el candidato   Goldwater   se opuso
a la Ley   de Derechos   Civiles   y fue otro
disparador   de   *Arizona*   *Highways*
se sentó   frente al   viejo Diné
nombró su retrato   lo imprimió   cinco mil   veces
les puso su firma   los coleccionó   dijo   sobre él
lo que pensó   que significaba   su secuencia   de gestos
¿qué   define el diseño   la forma   sigue
alguna función   requerimiento   o dispersión?
los vendió   “él no   hablaba inglés
le di un   cigarrillo   y ese fue   el trato”
un lugar   se cuenta   a través de   sus anuncios
de excavadoras   de gasolineras   y del aislamiento
en lo colorido   dónde quedó   mi detrás
esa apariencia   que se movía   giraba
antes de ser   de esta   saturación   una secuencia   de gestos
una autoría   decide la transacción   tras sonreír
habló   de las   niñas   Diné   y las ovejas   en la nieve
“solo les dije   que se quedaran   ahí
y eso hicieron”   disparó   nuevamente   obturador

*   el mercado   recrea   fantasías
para venderle   armamento
a la *democracia*   *cazadora estadounidense*

monumental carries in its root
the sense of warning and
my avatar is a supply chain's certainty
Phoenix *burnishes* *skin* *is* *incandescent* *oasis*
my earthen hand writes *the most useless*
part of a *cadaver*
it's not blood to
feed on but to hang
as a candidate Goldwater opposed
the Civil Rights Act and was another
marksman for *Arizona* *Highways*
he sat before the old Diné man
named his portrait printed it five thousand times
signed them collected them said about him
what he thought his sequence of gestures signified
what defines the design does form follow
some function requirement or dispersion?
sold them "he didn't speak English
I gave him a cigarette and that was the deal"
a place is told through its ads
for excavators for gas stations and for isolation
in the colorful where my before remained
that appearance which moved twirled
before being from this saturation a sequence of gestures
an authorship decides the transaction after smiling
spoke of the Diné girls and the sheep in the snow
"I just said to stay right there
and they did it" he shot the shutter closed again

* the market recreates fantasies
to sell arms
to the *American* *hunting democracy*

lo que ves en este jardín es su fin ornamental
una ciudad se cuenta a través de
sus espacios para estacionar y las jerarquías de sus sombras
la imagen de las niñas distantes fue la portada
de la edición navideña de 1946 e incluía un extenso
calendario turístico de lo que se dice *profundo*
si el paisaje es hipertexto ¿sobre qué enlaces
estoy parado sintiendo el daño de la exposición
y la suma de intermedios?
la escala aumenta hasta alcanzar el tamaño
exagerado aislado y carente de textura
imagínate AQUÍ → • en medio de lo que se dice
vacante una reducción a punto aplanado
luego línea límite rellenada con
significados de propiedad el telescopio
iba a llamarse *Columbus* se instaló en Dził Nchaa Si'an
hogar de espíritus danzantes aguas hierbas sagradas
la ardilla roja *lugar de sepultura* cuando produzco
este lenguaje desplazo lo que se nombró antes
imagina esa imagen *quien diseñó los picos*
dice *fue un sportsman* y la que sigue
a full color le da al paisaje la secuencia
de propiedades de un metal *this is Arizona*
las repeticiones suplantan la naturaleza
ver la que sigue repetir *colorful snow*
sportsman ver su posición y contenido
turistas se deslizan en la nieve cowboys posan sobre una colina
y guían hacia una melancólica visión del
monumento evangelizador pero atiende a la posición
de los hombres a sus dedos a las niñas
al monumento y al uso desesperado
de la palabra *santuario* y a su énfasis en desierto
pacífico paradisíaco para descanso
cuántas veces imprimieron *blessed* para
adjetivizar la distancia y la desaparición

what you see in this garden is its ornamental end
a city is told through
its parking spaces and the hierarchies of its shadows
the image of the distant girls was the cover
of the 1946 Christmas issue featuring an extensive
tourist calendar of what was called *deep*
if the landscape is hypertext which links am I
standing on feeling the harm of the exposure
and the sum of in-betweens?
the scale swells to overblown size
isolated and lacking texture
imagine HERE → • in the middle of what's called
vacant a reduction a flattened point
then line limit filled with
meanings of property the telescope
was going to be called *Columbus* it was built on Dził Nchaa Si'an
home to spirit dancers holy water sacred herbs
the red squirrel *a burial site* when I produce
this language I displace what was named before
imagine that image *whoever designed the peaks*
it says *was a sportsman* and the next one
in full color gives the landscape the sequence
of a metal's properties *this is Arizona*
the repetitions supplant nature
to see the next one to repeat *colorful snow*
sportsman to see its position and content
tourists glide on the snow cowboys pose atop a hill
and guide to a melancholic view of the
evangelist monument but note the position
of the men their fingers the girls
the monument and the desperate use
of the word *sanctuary* and their emphasis on a desert that's
peaceful paradisical restful
how many times did they print *blessed* to
adjectivize distance and disappearance?

*   la edición   navideña   del 94
año   de la   implementación   del desierto
como máquina asesina   fue *a special gift*   *of the season*
adornaron   un cactus   en el desierto
con   lucecitas   navideñas   para la   portada
en el interior   postales vintage   con *increíbles*
paisajes   y mensajes   de aventureros   que viajan
a través de   de paisajes   impresos   en el recto
y verso   junto a imágenes   similares   de paisajes
que dicen   son   perfectas   para   más frentes
donde turistas   garabatean   *detrases*
con miradas   que desalojan   y sus firmas
la oportunidad   *es larga*   *como el horizonte*
el sportsman   es   el real   obstáculo
un estado se cuenta   por los contraluces   de sus cactus
el monte sagrado   alberga   3 telescopios   y es nombrado
en los mapas   con el nombre de   un militar
¿me estoy comunicando   de forma   más espiritual
a través del sudor   la deshidratación
y el querer   dejar de ser   en este jardín?
las visiones   dejan huellas   de gasolina   en los paisajes
y esconden   trayectorias   de muerte
el candidato   tomó otra foto   y nombró
y firmó   y vendió   y fijó   y oficializó
AHÍ   → •   desde la   roca   donde se   proclama
al descubridor   de lo que   ves
nadie ve   ningún problema
grupos   de las naciones   Navajo   y Apache   protestaron
la ardilla   roja   está casi extinta
pero la sensibilidad   es   inmune a   la luz
cuando   la emulsión   ya salió del   químico   fijador

* the '94 Christmas issue
year of the implementation of the desert
as a murder machine was a *special gift* *of the season*
they decorated a cactus in the desert
with little Christmas lights for the cover
then inside vintage postcards with *incredible*
landscapes and messages from adventurers who travel
through printed landscapes on the recto
and verso next to similar images of landscapes
they say are perfect for more fronts
where tourists scribble on *behinds*
with displacing gazes and their signatures
opportunity *is as large* *as the horizon*
the sportsman is the real obstacle
a state is told through the backlighting of its cactus
the sacred mountain houses 3 telescopes and is named
on maps with the name of a military officer
am I communicating in a more spiritual way
through sweat dehydration
and the desire to stop existing in this garden?
the views leave gasoline traces on the landscapes
and hide trajectories of death
the candidate took another photo and named
and signed and sold and fixed and officialized
THERE → • from the rock proclaiming
the discoverer of what you see
nobody sees any problem
groups from the Navajo and Apache nations protested
the red squirrel is nearly extinct
but sensitivity is immune to light
once the emulsion's emerged from the chemical fixer

no nos convence *ninguno de los* *argumentos*
sobre lo sagrado *que impida un uso* *responsable*
y legítimo *de la tierra* declaró el teólogo jesuita
director del observatorio

* el texto regula la entrada de calor
y el medio de velocidad
donde mi avatar es doblaje dibujo la dirección
del viento corté muchas ramas
pero ninguna le satisfizo a la anciana
entonces amenazó con despedirme
entonces le dije que esto no era parte
de mi trabajo
Fénix es *halo* *premonitorio* *una quemadura*
en *el interior* *del párpado*
un avatar fue *la encarnación* *de una deidad*
y tiene un rol programado en el game
en el *Baby State*
—como le llamaban compañías como Shell
en los mapas que repartían
en sus gasolineras—
se evaluaron armas y municiones para la recreación
conducir y estacionar y repetir
todo el camino está diseñado
para tapar algo
las fantasías también forman una nación
un monumento *es la instancia material* *de una fantasía*
el animal en el muro enciende sus cuernos
esa anciana vivía gracias a su
pensión de seguridad social

we are not *convinced* *by any* *of the* *arguments*
about the sacred *which preclude* *responsible*
and legitimate *use* *of the land* declared the Jesuit theologian
the observatory's director

*

the text regulates heat input
and the means of velocity
where my avatar is twofolding I draw the wind's
direction I cut lots of branches
but none of them satisfied the old lady
and then she threatened to fire me
and then I told her this wasn't part
of my job
Phoenix is *premonitory* *aura* *a burn*
on *the eyelid's* *interior*
an avatar was *the incarnation* *of a deity*
and it has a role programmed in the game
in the *Baby State*
—as it was called by companies like Shell
on the maps they distributed
at their gas stations—
they tested arms and ammunition for recreation
drive and park and repeat
the whole path is designed
to cover something up
fantasies also form a nation
a monument *is the material* *instance* *of a fantasy*
the animal on the wall lights up its horns
that old lady lived on her
social security pension

SCENIC VIEWS

SCENIC VIEWS

ES UN DÍA SOLEADO DE VARIOS AÑOS EL CIELO DE ESTE LENGUAJE SE SOBREESCRIBE

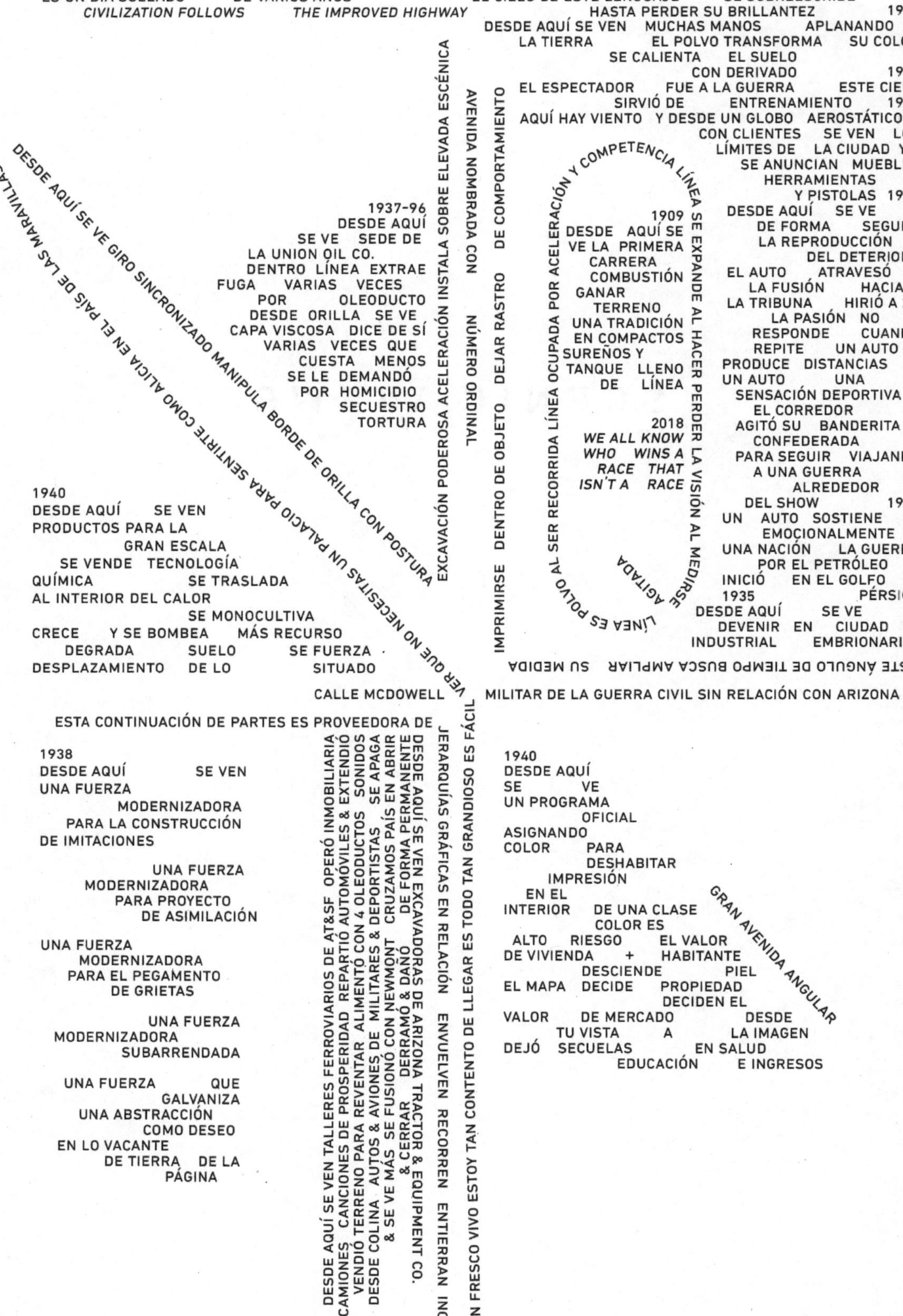

CON TEMPERATURA MÁXIMA PROMEDIO DE 41°C

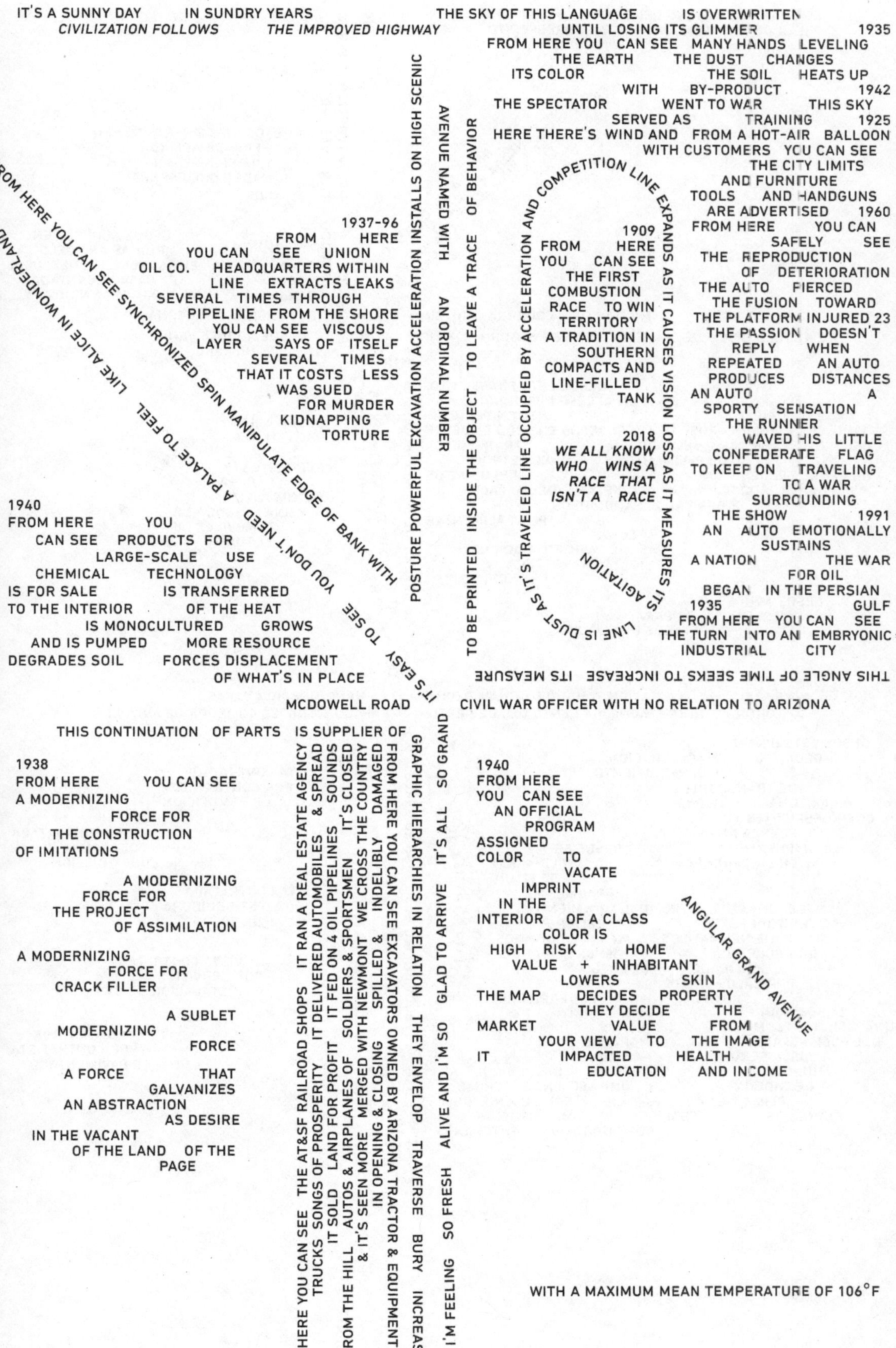
IT'S A SUNNY DAY IN SUNDRY YEARS THE SKY OF THIS LANGUAGE IS OVERWRITTEN
CIVILIZATION FOLLOWS THE IMPROVED HIGHWAY
UNTIL LOSING ITS GLIMMER 1935
FROM HERE YOU CAN SEE MANY HANDS LEVELING
THE EARTH THE DUST CHANGES
ITS COLOR THE SOIL HEATS UP
WITH BY-PRODUCT 1942
THE SPECTATOR WENT TO WAR THIS SKY
SERVED AS TRAINING 1925
HERE THERE'S WIND AND FROM A HOT-AIR BALLOON
WITH CUSTOMERS YOU CAN SEE
THE CITY LIMITS
AND FURNITURE
TOOLS AND HANDGUNS
ARE ADVERTISED 1960
FROM HERE YOU CAN
SAFELY SEE
THE REPRODUCTION
OF DETERIORATION
THE AUTO FIERCED
THE FUSION TOWARD
THE PLATFORM INJURED 23
THE PASSION DOESN'T
REPLY WHEN
REPEATED AN AUTO
PRODUCES DISTANCES
AN AUTO A
SPORTY SENSATION
THE RUNNER
WAVED HIS LITTLE
CONFEDERATE FLAG
TO KEEP ON TRAVELING
TO A WAR
SURROUNDING
THE SHOW 1991
AN AUTO EMOTIONALLY
SUSTAINS
A NATION THE WAR
FOR OIL
BEGAN IN THE PERSIAN
1935 GULF
FROM HERE YOU CAN SEE
THE TURN INTO AN EMBRYONIC
INDUSTRIAL CITY
THIS ANGLE OF TIME SEEKS TO INCREASE ITS MEASURE
COMPETITION LINE EXPANDS AS IT CAUSES VISION LOSS AS IT MEASURES ITS AGITATION
LINE IS DUST AS IT'S TRAVELED LINE OCCUPIED BY ACCELERATION AND COMPETITION
1909
FROM HERE
YOU CAN SEE
THE FIRST
COMBUSTION
RACE TO WIN
TERRITORY
A TRADITION IN
SOUTHERN
COMPACTS AND
LINE-FILLED
TANK
2018
WE ALL KNOW
WHO WINS A
RACE THAT
ISN'T A RACE
TO BE PRINTED INSIDE THE OBJECT TO LEAVE A TRACE OF BEHAVIOR
AVENUE NAMED WITH AN ORDINAL NUMBER
POSTURE POWERFUL EXCAVATION ACCELERATION INSTALLS ON HIGH SCENIC
1937-96
FROM HERE
YOU CAN SEE UNION
OIL CO. HEADQUARTERS WITHIN
LINE EXTRACTS LEAKS
SEVERAL TIMES THROUGH
PIPELINE FROM THE SHORE
YOU CAN SEE VISCOUS
LAYER SAYS OF ITSELF
SEVERAL TIMES
THAT IT COSTS LESS
WAS SUED
FOR MURDER
KIDNAPPING
TORTURE
FROM HERE YOU CAN SEE SYNCHRONIZED SPIN MANIPULATE EDGE OF BANK WITH
LIKE ALICE IN WONDERLAND
A PALACE TO FEEL
YOU DON'T NEED
TO SEE
IT'S EASY
1940
FROM HERE YOU
CAN SEE PRODUCTS FOR
LARGE-SCALE USE
CHEMICAL TECHNOLOGY
IS FOR SALE IS TRANSFERRED
TO THE INTERIOR OF THE HEAT
IS MONOCULTURED GROWS
AND IS PUMPED MORE RESOURCE
DEGRADES SOIL FORCES DISPLACEMENT
OF WHAT'S IN PLACE
MCDOWELL ROAD CIVIL WAR OFFICER WITH NO RELATION TO ARIZONA
THIS CONTINUATION OF PARTS IS SUPPLIER OF
1938
FROM HERE YOU CAN SEE
A MODERNIZING
FORCE FOR
THE CONSTRUCTION
OF IMITATIONS
A MODERNIZING
FORCE FOR
THE PROJECT
OF ASSIMILATION
A MODERNIZING
FORCE FOR
CRACK FILLER
A SUBLET
MODERNIZING
FORCE
A FORCE THAT
GALVANIZES
AN ABSTRACTION
AS DESIRE
IN THE VACANT
OF THE LAND OF THE
PAGE
FROM HERE YOU CAN SEE THE AT&SF RAILROAD SHOPS IT RAN A REAL ESTATE AGENCY
TRUCKS SONGS OF PROSPERITY IT DELIVERED AUTOMOBILES & SPREAD
IT SOLD LAND FOR PROFIT IT FED ON 4 OIL PIPELINES SOUNDS
FROM THE HILL AUTOS & AIRPLANES OF SOLDIERS & SPORTSMEN IT'S CLOSED
& IT'S SEEN MORE MERGED WITH NEWMONT WE CROSS THE COUNTRY
IN OPENING & CLOSING SPILLED & INDELIBLY DAMAGED
FROM HERE YOU CAN SEE EXCAVATORS OWNED BY ARIZONA TRACTOR & EQUIPMENT CO.
GRAPHIC HIERARCHIES IN RELATION THEY ENVELOP TRAVERSE BURY INCREASE
1944 I'M FEELING SO FRESH ALIVE AND I'M SO GLAD TO ARRIVE IT'S ALL SO GRAND
1940
FROM HERE
YOU CAN SEE
AN OFFICIAL
PROGRAM
ASSIGNED
COLOR TO
VACATE
IMPRINT
IN THE
INTERIOR OF A CLASS
COLOR IS
HIGH RISK HOME
VALUE + INHABITANT
LOWERS SKIN
THE MAP DECIDES PROPERTY
THEY DECIDE THE
MARKET VALUE FROM
YOUR VIEW TO THE IMAGE
IT IMPACTED HEALTH
EDUCATION AND INCOME
ANGULAR GRAND AVENUE
WITH A MAXIMUM MEAN TEMPERATURE OF 106°F

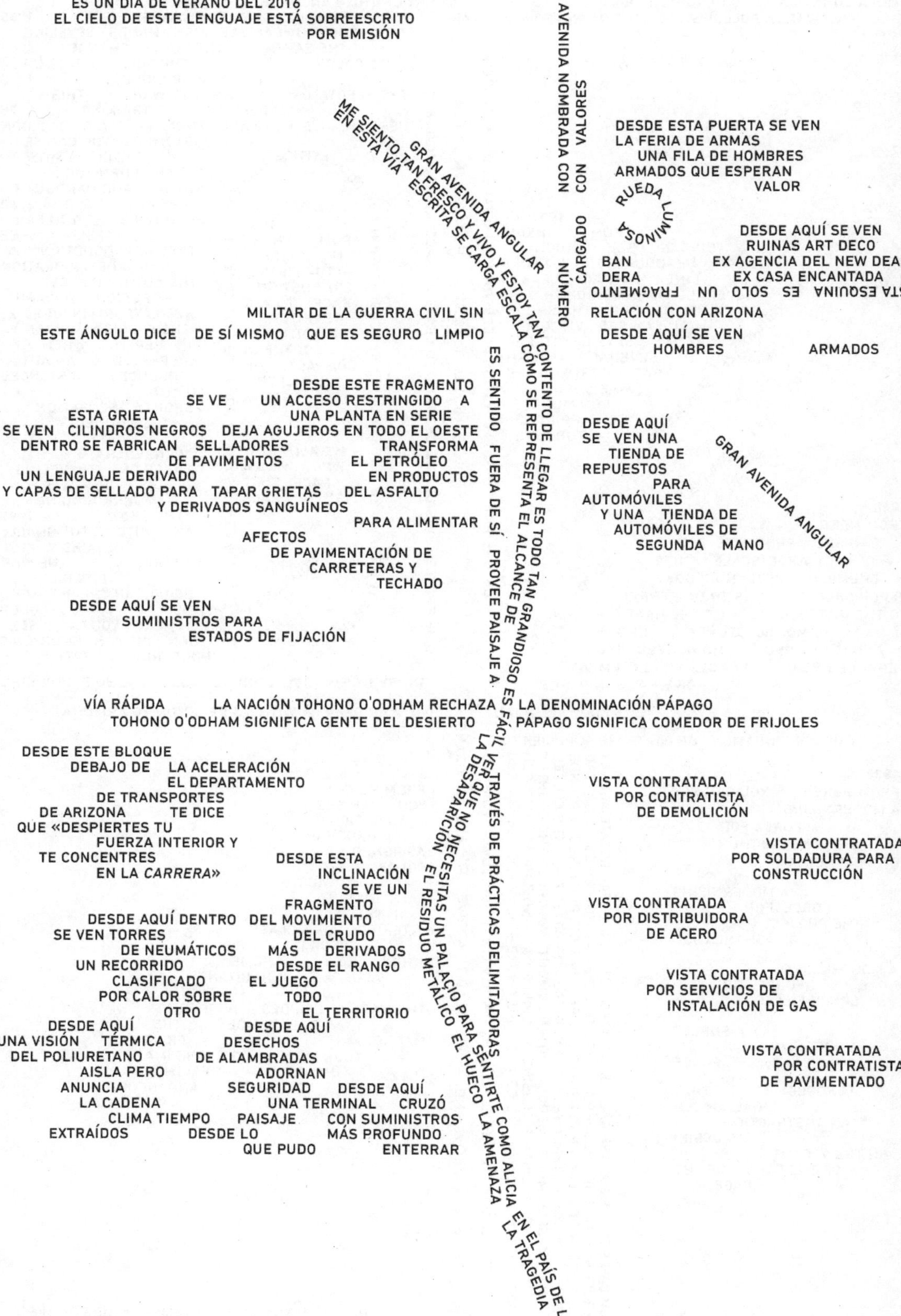
ES UN DÍA DE VERANO DEL 2016
EL CIELO DE ESTE LENGUAJE ESTÁ SOBREESCRITO
POR EMISIÓN
AVENIDA NOMBRADA CON NÚMERO
CON VALORES CARGADO
ME SIENTO TAN FRESCO Y VIVO Y ESTOY TAN CONTENTO DE LLEGAR ES TODO TAN GRANDIOSO ES FÁCIL VER QUE NO NECESITAS UN PALACIO PARA SENTIRTE COMO ALICIA EN EL PAÍS DE LAS MARAVILLAS
EN ESTA VÍA ESCRITA SE CARGA ESCALA CÓMO SE REPRESENTA EL ALCANCE DE
GRAN AVENIDA ANGULAR
DESDE ESTA PUERTA SE VEN
LA FERIA DE ARMAS
UNA FILA DE HOMBRES
ARMADOS QUE ESPERAN
VALOR
RUEDA LUMINOSA
DESDE AQUÍ SE VEN
RUINAS ART DECO
BAN
DERA
EX AGENCIA DEL NEW DEAL
EX CASA ENCANTADA
ESTA ESQUINA ES SOLO UN FRAGMENTO
RELACIÓN CON ARIZONA
MILITAR DE LA GUERRA CIVIL SIN
ESTE ÁNGULO DICE DE SÍ MISMO QUE ES SEGURO LIMPIO
DESDE AQUÍ SE VEN
HOMBRES ARMADOS
ES SENTIDO FUERA DE SÍ PROVEE PAISAJE A
DESDE ESTE FRAGMENTO
SE VE UN ACCESO RESTRINGIDO A
ESTA GRIETA UNA PLANTA EN SERIE
SE VEN CILINDROS NEGROS DEJA AGUJEROS EN TODO EL OESTE
DENTRO SE FABRICAN SELLADORES TRANSFORMA
DE PAVIMENTOS EL PETRÓLEO
UN LENGUAJE DERIVADO EN PRODUCTOS
Y CAPAS DE SELLADO PARA TAPAR GRIETAS DEL ASFALTO
Y DERIVADOS SANGUÍNEOS
PARA ALIMENTAR
AFECTOS
DE PAVIMENTACIÓN DE
CARRETERAS Y
TECHADO
DESDE AQUÍ
SE VEN UNA
TIENDA DE
REPUESTOS
PARA
AUTOMÓVILES
Y UNA TIENDA DE
AUTOMÓVILES DE
SEGUNDA MANO
GRAN AVENIDA ANGULAR
DESDE AQUÍ SE VEN
SUMINISTROS PARA
ESTADOS DE FIJACIÓN
VÍA RÁPIDA LA NACIÓN TOHONO O'ODHAM RECHAZA LA DENOMINACIÓN PÁPAGO
TOHONO O'ODHAM SIGNIFICA GENTE DEL DESIERTO PÁPAGO SIGNIFICA COMEDOR DE FRIJOLES
A TRAVÉS DE PRÁCTICAS DELIMITADORAS
LA DESAPARICIÓN EL RESIDUO METÁLICO EL HUECO LA AMENAZA LA TRAGEDIA
DESDE ESTE BLOQUE
DEBAJO DE LA ACELERACIÓN
EL DEPARTAMENTO
DE TRANSPORTES
DE ARIZONA TE DICE
QUE «DESPIERTES TU
FUERZA INTERIOR Y
TE CONCENTRES
EN LA *CARRERA*»
DESDE ESTA
INCLINACIÓN
SE VE UN
FRAGMENTO
DESDE AQUÍ DENTRO DEL MOVIMIENTO
SE VEN TORRES DEL CRUDO
DE NEUMÁTICOS MÁS DERIVADOS
UN RECORRIDO DESDE EL RANGO
CLASIFICADO EL JUEGO
POR CALOR SOBRE TODO
OTRO EL TERRITORIO
DESDE AQUÍ DESDE AQUÍ
UNA VISIÓN TÉRMICA DESECHOS
DEL POLIURETANO DE ALAMBRADAS
AISLA PERO ADORNAN
ANUNCIA SEGURIDAD DESDE AQUÍ
LA CADENA UNA TERMINAL CRUZÓ
CLIMA TIEMPO PAISAJE CON SUMINISTROS
EXTRAÍDOS DESDE LO MÁS PROFUNDO
QUE PUDO ENTERRAR
VISTA CONTRATADA
POR CONTRATISTA
DE DEMOLICIÓN
VISTA CONTRATADA
POR SOLDADURA PARA
CONSTRUCCIÓN
VISTA CONTRATADA
POR DISTRIBUIDORA
DE ACERO
VISTA CONTRATADA
POR SERVICIOS DE
INSTALACIÓN DE GAS
VISTA CONTRATADA
POR CONTRATISTA
DE PAVIMENTADO

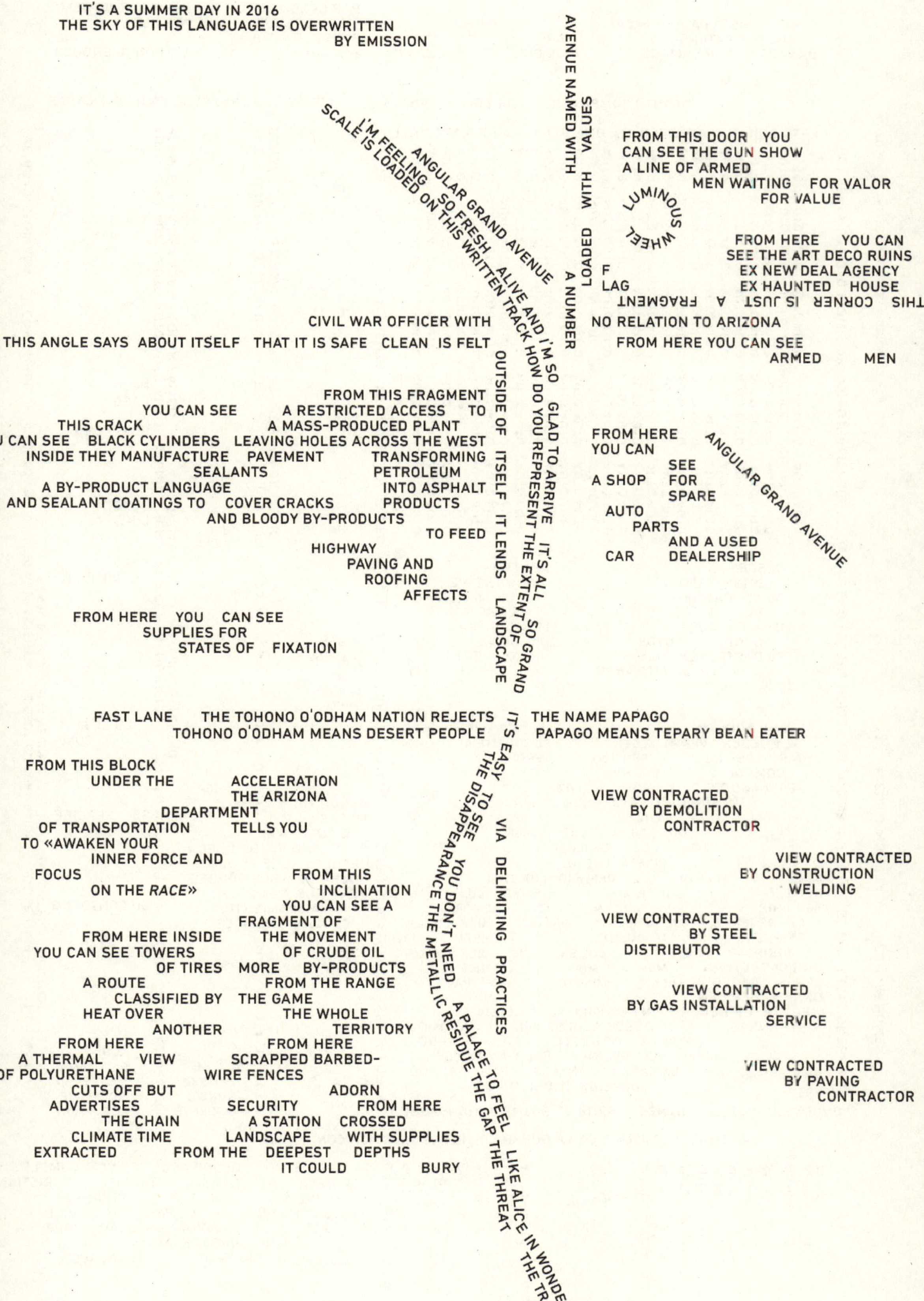
IT'S A SUMMER DAY IN 2016
THE SKY OF THIS LANGUAGE IS OVERWRITTEN
BY EMISSION
AVENUE NAMED WITH A NUMBER
LOADED WITH VALUES
ANGULAR GRAND AVENUE
I'M FEELING SO FRESH ALIVE AND I'M SO GLAD TO ARRIVE IT'S ALL SO GRAND
SCALE IS LOADED ON THIS WRITTEN TRACK HOW DO YOU REPRESENT THE EXTENT OF
OUTSIDE OF ITSELF IT LENDS LANDSCAPE
FROM THIS DOOR YOU
CAN SEE THE GUN SHOW
A LINE OF ARMED
MEN WAITING FOR VALOR
FOR VALUE
LUMINOUS WHEEL
FROM HERE YOU CAN
SEE THE ART DECO RUINS
EX NEW DEAL AGENCY
F
LAG
EX HAUNTED HOUSE
THIS CORNER IS JUST A FRAGMENT
CIVIL WAR OFFICER WITH
NO RELATION TO ARIZONA
THIS ANGLE SAYS ABOUT ITSELF THAT IT IS SAFE CLEAN IS FELT
FROM HERE YOU CAN SEE
ARMED MEN
FROM THIS FRAGMENT
YOU CAN SEE A RESTRICTED ACCESS TO
THIS CRACK A MASS-PRODUCED PLANT
OU CAN SEE BLACK CYLINDERS LEAVING HOLES ACROSS THE WEST
INSIDE THEY MANUFACTURE PAVEMENT TRANSFORMING
SEALANTS PETROLEUM
A BY-PRODUCT LANGUAGE INTO ASPHALT
AND SEALANT COATINGS TO COVER CRACKS PRODUCTS
AND BLOODY BY-PRODUCTS
TO FEED
HIGHWAY
PAVING AND
ROOFING
AFFECTS
FROM HERE
YOU CAN
SEE
A SHOP FOR
SPARE
AUTO
PARTS
AND A USED
CAR DEALERSHIP
ANGULAR GRAND AVENUE
FROM HERE YOU CAN SEE
SUPPLIES FOR
STATES OF FIXATION
FAST LANE THE TOHONO O'ODHAM NATION REJECTS THE NAME PAPAGO
TOHONO O'ODHAM MEANS DESERT PEOPLE PAPAGO MEANS TEPARY BEAN EATER
IT'S EASY TO SEE YOU DON'T NEED A PALACE TO FEEL LIKE ALICE IN WONDERLAND
THE DISAPPEARANCE THE METALLIC RESIDUE THE GAP THE THREAT THE TRAGEDY
VIA DELIMITING PRACTICES
FROM THIS BLOCK
UNDER THE ACCELERATION
THE ARIZONA
DEPARTMENT
OF TRANSPORTATION TELLS YOU
TO «AWAKEN YOUR
INNER FORCE AND
FOCUS
ON THE *RACE*»
FROM THIS
INCLINATION
YOU CAN SEE A
FRAGMENT OF
THE MOVEMENT
OF CRUDE OIL
FROM HERE INSIDE
YOU CAN SEE TOWERS
OF TIRES MORE BY-PRODUCTS
A ROUTE FROM THE RANGE
CLASSIFIED BY THE GAME
HEAT OVER THE WHOLE
ANOTHER TERRITORY
FROM HERE FROM HERE
A THERMAL VIEW SCRAPPED BARBED-
OF POLYURETHANE WIRE FENCES
CUTS OFF BUT ADORN
ADVERTISES SECURITY FROM HERE
THE CHAIN A STATION CROSSED
CLIMATE TIME LANDSCAPE WITH SUPPLIES
EXTRACTED FROM THE DEEPEST DEPTHS
IT COULD BURY
VIEW CONTRACTED
BY DEMOLITION
CONTRACTOR
VIEW CONTRACTED
BY CONSTRUCTION
WELDING
VIEW CONTRACTED
BY STEEL
DISTRIBUTOR
VIEW CONTRACTED
BY GAS INSTALLATION
SERVICE
VIEW CONTRACTED
BY PAVING
CONTRACTOR

ES UN DÍA DE OTOÑO DEL 2016 EL CIELO DE ESTE LENGUAJE ESTÁ SOBREESCRITO
POR LENGUAJE ASÍ QUE NO VEMOS
VISTA PANORÁMICA ES POSIBLE
DE EXTENSA ÁREA ESTAR AHÍ
DAÑADA POR CAMPOS DE GOLF DEBAJO Y SEGUIR REPRODUCIÉNDOLO

ENCANTO COMPRADO POR COMERCIANTES LOS VACÍOS REPRESENTAN 342 CASAS

ESTA ORIENTACIÓN DELIMITA UNA PLANCHA DE MATERIALES

AUTOS BUSCAN ESTACIONAMIENTO

EL APRENDIZAJE? LÍMITE SIGNIFICA EN QUÉ DIRECCIÓN CRECE LO VERTICAL DESDE LO HISTÓRICO EL SÍMBOLO DE LO ATASCADO

AUTO AUTO AUTO AUTO AUTO AUTO AUTO AUTO AUTO AUTO
AUTO AUTO AUTO AUTO AUTO AUTO AUTO AUTO AUTO AUTO AUTO
AUTO AUTO UN AUTO PRODUCE DISTANCIAS AUTO
AUTO AUTO AUTO AUTO AUTO AUTO AUTO AUTO AUTO AUTO
AUTO AUTO UN AUTO PRODUCE DISTANCIAS AUTO AUTO
AUTO AUTO AUTO AUTO AUTO AUTO AUTO AUTO AUTO AUTO AUTO
AUTO AUTO AUTO AUTO AUTO AUTO AUTO AUTO AUTO AUTO AUTO
AUTO AUTO AUTO AUTO AUTO AUTO AUTO AUTO AUTO AUTO AUTO
AUTO AUTO AUTO AUTO UN AUTO PRODUCE DISTANCIAS
AUTO AUTO AUTO AUTO AUTO AUTO AUTO AUTO AUTO AUTO AUTO
AUTO AUTO AUTO AUTO AUTO AUTO AUTO AUTO AUTO AUTO AUTO
AUTO AUTO AUTO AUTO AUTO AUTO AUTO AUTO AUTO AUTO AUTO
AUTO UN AUTO PRODUCE DISTANCIAS AUTO
AUTO AUTO AUTO AUTO AUTO AUTO AUTO AUTO AUTO AUTO
AUTO AUTO AUTO AUTO AUTO AUTO AUTO AUTO AUTO AUTO AUTO
AUTO AUTO AUTO AUTO AUTO AUTO AUTO AUTO AUTO AUTO AUTO
AUTO AUTO AUTO UN AUTO PRODUCE DISTANCIAS AUTO AUTO

DESEÓ NECESITÓ SE ALIMENTÓ AMPLIÓ ¿ES UN USO FUNCIONAL DEL DERIVADO Y LA MANCHA? ¿QUÉ ASPIRACIÓN DE ESCALA FORMÓ

BAN
DERA

BAN
DERA

BAN
DERA

BAN
DERA

AVENIDA NOMBRADA CON UN NÚMERO DE VALOR MEDIO
PERSPECTIVA DE CASAS NUMERADAS

AUTO AUTO AUTO AUTO AUTO AUTO AUTO AUTO AUTO AUTO AUTO

AUTO AUTO AUTO AUTO AUTO AUTO AUTO AUTO AUTO
PERSPECTIVA DE CASAS COLOR PALIDO

AVENIDA NOMBRADA CON UN NÚMERO
AFECTADAS POR LO QUE EXTENDIÓ

BAN
DERA

BAN
DERA

AVENIDA NOMBRADA CON ÁRBOL

PESO
PASO
SOSPECHA

AUTOS BUSCAN ESTACIONAMIENTO DESDE SU FORMACION DE SENTIDO MODELAN
SEÑAL DE VIGILANCIA VECINAL COMO SISTEMA POLICÍACO

SUJETA
LÍNEA

POR
PROXIMIDAD

DESDE
ESTAS TRIBUNAS
DE CONCRETO
SE VE
UNA CARRERA
DONDE AUTOS
SE DESTRUYEN UNOS
A OTROS EN BARRO

DENTRO
AQUÍ SE VE
UN MEMORIAL
MILITAR
MODERNISTA
SE VE
UN CONCIERTO
DE POP

HELICÓP
TERO

HELICÓP
TERO

HELICÓP
TERO

HELICÓP
TERO

LO LEJANO
CÓMO

DESDE AQUÍ
SE PUEDEN VER
CARRITOS DE
COMIDA Y
RESPLANDORES
DE AZÚCARES

LUZ DE
SENTIDO
LUZ EN
MOVI
MIENTO
LUZ
QUE FORMA
LUZ EN
MOVI
MIENTO

LUZ
QUIETA
LUZ
LUZ DE
QUIETA
LUZ

LUZ EN
MOVI
MIENTO
DE ILUSIÓN
LUZ DE
REFLEJO

RUEDA LUMINOSA

A
VA
TAR

BAN
DERA

DESDE TODA
MI CASA
SE PUEDE VER
RESPLANDOR DE RUEDA
PARECE QUE ESTAMOS
FUERA DE SUS BORDES
PERO NOS PROYECTA
AISLAMIENTO
CRUZAN HÉLICES

SE PERCIBE

SU CONTORNO

AUTO AUTO AUTO AUTO AUTO AUTO AUTO AUTO AUTO AUTO

AQUÍ
DENTRO
SE EXHIBEN
CARRETERAS
SE PUEDE
ADOPTAR
UNA CARRETERA
SE PUEDE SEGUIR
UNA CARRERA EN
EL SECTOR DEL
TRANSPORTE

LUZ DE
CONTROL LUZ
QUE FORMA
QUE TE MIRA
LUZ EN
MOVI
MIENTO
LUZ
QUIETA
LUZ EN
QUIETA
MOVI
MIENTO
LUZ EN
MOVI
MIENTO
LUZ
QUIETA
LUZ
EN RELACIÓN
LUZ
QUIETA
QUE
DISTRAE
LUZ
QUIETA
LUZ EN
MOVI
MIENTO

DESDE AQUÍ SE VEN INSUMOS
RUINAS ART DECO PARA EL AGRO
EX AGENCIA DEL NEW DEAL Y ANIMALES
EX CASA ENCANTADA PARA GANADO
DEVENIR EMBRIONARIO

BAN
DERA

AVENIDA NOMBRADA CON UN NÚMERO

AUTO AUTO AUTO AUTO AUTO AUTO AUTO AUTO

AQUÍ SE
REPITE EL
ANUNCIO
ACCIDENTE

AQUÍ
DICE FAMA
Y ENSEÑAN
MODELAJE
ACTUACIÓN

CORRESPONDE ENTRE LA PUESTA SENTIMENTAL LA ACTIVIDAD

MCDOWELL MILITAR DE LA GUERRA CIVIL SIN RELACIÓN CON ARIZONA

AUTO AUTO AUTO AUTO AUTO AUTO AUTO AUTO AUTO AUTO AUTO AUTO AUTO AUTO AUTO AUTO AUTO AUTO AUTO AUTO AUTO AUTO

AVISO
DE
FERIA

AUTO AUTO AUTO AUTO AUTO AUTO AUTO AUTO AUTO AUTO AUTO AUTO AUTO AUTO AUTO AUTO AUTO AUTO

AUTO AUTO AUTO AUTO AUTO AUTO AUTO AUTO AUTO AUTO AUTO AUTO AUTO AUTO AUTO AUTO AUTO AUTO AUTO AUTO AUTO

BUS STOP DESDE AQUÍ SE VEN COMPLEJO
ESCUELA SECUNDARIA TRÁFICO CRISTIANO
FRANKLIN AVISO PROHÍBE
POLICE AND EL PASO DICE
FIRE ZONA ESCOLAR LIBRE
DE DROGAS ARMAS
GRAFFITI Y TABACO

CASI ANOCHECE

IT'S AN AUTUMN DAY IN 2016 THE SKY OF THIS LANGUAGE IS OVERWRITTEN
BY LANGUAGE SO WE CAN'T SEE
PANORAMIC VIEW IT'S POSSIBLE
OF A VAST AREA TO BE THERE
DAMAGED BY GOLF COURSES BELOW AND TO KEEP REPROCUCING IT

CHARMED ENCANTO BOUGHT BY BUSINESSMEN THE EMPTY SPACES ARE 342 HOUSES

THIS ORIENTATION DELIMITS A SLAB OF MATERIALS DESIRED

AUTO AUTO AUTO AUTO AUTO AUTO AUTO AUTO AN AUTO PRODUCES DISTANCES

NEEDED FED GREW IS THIS A FUNCTIONAL USE OF THE BY-PRODUCT AND THE STAIN? WHAT ASPIRATION OF SCALE IT FORMED CORRESPONDS BETWEEN THE SENTIMENTAL SETTING THE ACTIVITY THE APPRENTICESHIP? LIMIT MEANS WHICH WAY VERTICAL GROWS FROM THE HISTORICAL SYMBOL OF WHAT'S OBSTRUCTED

AUTOS LOOK FOR PARKING

AVENUE NAMED WITH A NUMBER

F
LAG

AVENUE NAMED WITH A NUMBER
PERSPECTIVE OF NUMBERED HOUSES OF MIDDLE VALUE

AUTO AUTO AUTO AUTO AUTO AUTO AUTO AUTO AUTO AUTO AUTO AUTO AUTO AUTO AUTO AUTO

AUTO AUTO AUTO AUTO AUTO AUTO AUTO AUTO
PERSPECTIVE OF PALE-COLORED
AVENUE NAMED WITH
HOUSES AFFECTED BY
A NUMBER
WHAT SPREAD

AVENUE NAMED FOR A TREE
F
LAG
WEIGHT
GAIT
SUSPECT
SUBJECT
LINE
BY
PROXIMITY
AUTOS LOOK FOR PARKING
SIGN FOR
FROM THEIR FORMATION
NEIGHBORHOOD BLOCK WATCH
OF MEANING
AS A POLICING SYSTEM
THEY MODEL
WHAT'S
DISTANT
HOW IS ITS
OUTLINE
PERCEIVED

FROM
THESE CONCRETE
GRANDSTANDS
YOU CAN SEE
A RACE
WHERE AUTOS
DESTROY EACH
OTHER IN THE MUD

FROM HERE
INSIDE YOU CAN SEE
A MODERNIST
MILITARY
MEMORIAL
YOU CAN SEE
A POP
CONCERT

HELICOP
TER

FROM HERE
YOU CAN SEE
FOOD
STALLS
AND SUGARY
SHIMMERS

LIGHT OF
MEANING
LIGHT IN
MOTION STILL LIGHT
LIGHT IN MOTION
LIGHT THAT
SHAPES LIGHT OF
LIGHT STILL ILLUSION
IN MOTION LIGHT LIGHT OF
LIGHT THAT REFLECTION LIGHT OF
WATCHES YOU CONTROL LIGHT
LIGHT STILL THAT SHAPES
STILL IN MOTION LIGHT STILL LIGHT
LIGHT LIGHT IN MOTION
LIGHT IN LIGHT STILL LIGHT THAT
MOTION IN MOTION LIGHT DISTRACTS
YOU
LIGHT STILL
IN RELATION LIGHT

LUMINOUS WHEEL

A
VA
TAR
FROM
EVERYWHERE
IN MY HOUSE
YOU CAN SEE
WHEEL RADIANCE
IT LOOKS LIKE WE'RE
OUTSIDE ITS EDGES
BUT IT PROJECTS
ISOLATION ONTO US
ROTOR BLADES CROSS

HERE
INSIDE
HIGHWAYS
ARE ON DISPLAY
YOU CAN
ADOPT
A HIGHWAY
YOU CAN PURSUE
A CAREER IN
THE TRANSPORTATION
SECTOR

FROM HERE YOU CAN SEE SUPPLIES
ART DECO RUINS FOR FARMING
EX NEW DEAL AGENCY AND ANIMALS
EX HAUNTED HOUSE FOR LIVESTOCK
EMBRYONIC TURN

F
LAG

HERE THE
ACCIDENT
ADVERTISEMENT
IS REPEATED

HERE
IT SAYS FAME
AND THEY TEACH
MODELING
ACTING

MCDOWELL CIVIL WAR OFFICER WITH NO RELATION TO ARIZONA

AUTO AUTO AUTO AUTO AUTO AUTO

SIGN
FOR THE
FAIR

BUS STOP FROM HERE YOU CAN SEE CHRISTIAN
FRANKLIN POLICE TRAFFIC COMPLEX
AND FIRE SIGN PROHIBITS
HIGH TRESPASSING SAYS
SCHOOL SCHOOL ZONE FREE
OF DRUGS FIREARMS
GRAFFITI AND TOBACCO

IT'S ALMOST DARK

UN CÚMULODECOMBUSTIBLES PASA
AHORA MISMO SOBRE
LA PÁGINA

DESDE AQUÍ SE VEN
UNA EXTENSA ÁREA
DAÑADA POR CAMPOS
DE GOLF Y HOMBRES ARMADOS

ENCANTO COMPRADO POR COMERCIANTES

ESTA PARED MIDE EL MÁXIMO CALOR EMITIDO POR LA PLANCHA

AVENIDA NOMBRADA CON ÁRBOL
AUTOS BUSCAN ESTACIONAMIENTO
SEÑAL DE VIGILANCIA VECINAL
DESDE SU FORMACIÓN
COMO SISTEMA POLICÍACO
DE SENTIDO
MODELAN

BAN
DERA

PESO
PASO
SOSPECHA
SUJETA
LÍNEA
POR
PROXIMIDAD

LO LEJANO
CÓMO
SE PERCIBE
SU CONTORNO

AUTO AUTO AUTO AUTO AUTO AUTO
PERSPECTIVA DE CASAS COLOR PÁLIDO
AVENIDA NOMBRADA CON UN NÚMERO
AFECTADAS POR LO QUE EXTENDIÓ
AUTO AUTO AUTO AUTO AUTO AUTO AUTO

AVENIDA NOMBRADA CON UN NÚMERO
PERSPECTIVA DE CASAS NUMERADAS DE VALOR MEDIO ALTO
AUTO AUTO AUTO AUTO AUTO AUTO AUTO AUTO AUTO AUTO MÁTICA

BAN
DERA

QUE FORMA MIDE VALORES QUE CARGA MIDE LO QUE DIVIDE UNA MEDIDA ES UN CÓDIGO DE CONDUCTA MIDE CUÁNTA MEDIDA VENDE

AUTO AUTO AUTO AUTO AUTO AUTO
AUTO AUTO AUTO AUTO AUTO AUTO
AUTO AUTO ARMA DE REPETICIÓN DE
AUTO AUTO PRODUCE DISTANCIA
AUTO MÁTICA AUTO AUTO AUTO ORDINARIO AUTO
AUTO AUTO AUTO AUTO AUTO
AUTO AUTO SEMI AUTO AUTO AUTO AUTO AUTO AUTO
AUTO AUTO AUTO AUTO AUTO
AUTO AUTO AUTO AUTO AUTO AUTO
AUTO AUTO AUTO AUTO AUTO AUTO AUTO
AUTO AUTO AUTO AUTO AUTO AUTO MÁTICO
AUTO AUTO AUTO SEMI AUTO AUTO AUTO AUTO
AUTO AUTO AUTO AUTO AUTO AUTO AUTO AUTO MÁTICA
AUTO AUTO AUTO AUTO AUTO AUTO
AUTO MÁTICA PRODUCE AUTO AUTO DISTANCIAS
CONSTANTE ARMAS DE REPETICIÓN DE ORDINARIO
AUTO MÁTICA AUTO AUTO AUTO
AUTO AUTO AUTO AUTO AUTO MÁTICA
AUTO AUTO AUTO AUTO AUTO AUTO AUTO AUTO

AUTOS BUSCAN

DESDE ESTAS
ESCALERAS
DE CONCRETO
SE PUEDE VER
LA ARENA
VACÍA

DESDE
DENTRO DE ESTE
MEMORIAL
MILITAR
SE VE
OSCURIDAD

VISTA PANORÁMICA
DE UN CÚMULO
DE PERSONAS ARMADAS
CAMINANDO

A AA A A A A A A A A AA A A A A A A A A A A A A A A AA A A AA A A A A A A A A A A A A A A A A A A A A A A A A AA A A A A A A A A A A A A A A A A A A A A A A

RUBIO ZEPELÍN

PODEMOS PROBARLO EN BUCLE Y CUANDO LOS METALES SE SUELTEN DE LA CINTA PUEDEN ENCENDERSE A TRAVÉS DEL TERRITORIO

DESDE
MI CASA
SE PUEDEN VER
RUEDA LUMINOSA
GLOBO DE GUN
SHOW ESCUCHAR
CLIENTES Y
HÉLICES

A
VA
TAR
EN
FOR
MA

DESDE ESTA PUERTA SE VEN
LA FERIA DE ARMAS
UNA FILA DE HOMBRES
ARMADOS QUE ESPERAN
VALOR

RUEDA LUMINOSA

HELICÓP
TERO
HELICÓP
TERO
HELICÓP
TERO
HELICÓP
TERO

AQUÍ SE
REPITE EL
ANUNCIO
ACCIDENTE

AQUÍ
DICE FAMA
Y ENSEÑAN
MODELAJE
ACTUACIÓN

BAN
DERA
DESDE AQUÍ SE VEN RUINAS DE UNA
CASA EMBRUJADA UN EMBRIÓN
INDUSTRIAL

AUTO AUTO AUTO AUTO

ENTRE SUS MATERIALES EL LENGUAJE ESTANDARIZADO SU CONDICIÓN SUS CONSECUENCIAS ESTA PARED NO ES NEUTRAL SU AFUERA

AVENIDA NOMBRADA CON NÚMERO

MIDE SU PRODUCCIÓN DE DOCUMENTOS MIDE LA RELACIÓN
MILITAR DE LA GUERRA CIVIL SIN RELACIÓN CON ARIZONA

DESDE AQUÍ SE VEN COMPLEJO
ESCUELA SECUNDARIA TRÁFICO CRISTIANO
FRANKLIN AVISO VALOR HOMBRES
POLICE AND PROHÍBE ARMADOS
FIRE EL PASO DICE
ZONA ESCOLAR LIBRE
DE DROGAS ARMAS
GRAFFITI Y TABACO

AVISO
DE
GUN
SHOW

AUTO AUTO AUTO AUTO AUTO AUTO AUTO
AUTO AUTO MÁTICA
AUTO
AUTOMÁTICA DE ORDINARIO
AUTO AUTO AUTO AUTO AUTO AUTO
AUTO AUTO AUTO AUTO AUTO
AUTO MÁTICA
AUTO AUTO AUTO
AUTO AUTO MÁTICA
AUTO
AUTO
AUTO AUTO

FROM HERE YOU CAN
SEE A VAST AREA
DAMAGED BY GOLF
COURSES AND ARMED MEN

A CUMULOCUBUSTIBLE PASSES
RIGHT NOW OVER
THE PAGE

CHARMED ENCANTO

BOUGHT BY BUSINESSMEN

THIS WALL MEASURES THE MAXIMUM HEAT EMITTED BY THE SLAB

ITS MATERIALS' RELATION STANDARDIZED LANGUAGE ITS CONDITION ITS CONSEQUENCES THIS WALL ISN'T NEUTRAL ITS OUTSIDE

IT FORMS MEASURES VALUES IT CHARGES MEASURES WHAT IT DIVIDES A MEASURE IS A CODE OF CONDUCT MEASURES HOW MUCH MEASURE

IT SELLS MEASURES ITS DOCUMENT PRODUCTION MEASURES

AUTO AUTO AUTO AUTO AUTO
AUTO AUTO AUTO AUTO AUTO AUTO
AUTO AUTO PRODUCES DISTANCE
AUTO ARM OF REPETITION OF
AUTO AUTO AUTO AUTO AUTO ORDINARY AUTO
AUTO AUTO MATIC AUTO AUTO
AUTO AUTO AUTO AUTO AUTO AUTO AUTO AUTO
AUTO AUTO AUTO SEMI AUTO AUTO AUTO
AUTO AUTO AUTO AUTO AUTO AUTO
AUTO AUTO AUTO AUTO AUTO AUTO AUTO
AUTO AUTO AUTO AUTO AUTO AUTO AUTO AUTO
AUTO AUTO AUTO AUTO SEMI AUTO AUTO AUTO MATIC
AUTO AUTO AUTO AUTO AUTO AUTO AUTO AUTO MATIC AUTO AUTO
AUTO AUTO AUTO AUTO AUTO AUTO AUTO AUTO AUTO
AUTO AUTO PRODUCES DISTANCE
AUTO MATIC AUTO AUTO
ARMS OF REPETITION
CONSTANT REPETITION
OF ORDINARY
AUTO MATIC AUTO AUTO
AUTO AUTO AUTO MATIC
AUTO AUTO AUTO AUTO AUTO AUTO AUTO AUTO

F
LAG

F
LAG

F
LAG

F
LAG

AVENUE NAMED WITH A NUMBER
PERSPECTIVE OF NUMBERED HOUSES OF UPPER MIDDLE VALUE

AUTO AUTO AUTO AUTO AUTO AUTO AUTO AUTO AUTO AUTO AUTO AUTO AUTO MATIC

AUTO AUTO AUTO AUTO AUTO AUTO
PERSPECTIVE OF PALE-COLORED

AVENUE NAMED WITH A NUMBER
HOUSES AFFECTED BY WHAT SPREAD

AUTO AUTO AUTO AUTO AUTO AUTO AUTO

F
LAG

F
LAG

WEIGHT
GAIT
SUSPECT

SUBJECT
LINE

BY
PROXIMITY

WHAT'S
DISTANT

HOW IS ITS
OUTLINE

PERCEIVED

AVENUE NAMED FOR A TREE

AUTOS LOOK FOR PARKING FROM THEIR FORMATION OF MEANING
SIGN FOR NEIGHBORHOOD BLOCK WATCH AS A POLICING SYSTEM THEY MODEL

FROM THESE
CONCRETE
GRANDSTANDS
YOU CAN SEE
THE SAND OF
THE EMPTY
ARENA

FROM
INSIDE THIS
MILITARY
MEMORIAL
YOU CAN SEE
DARKNESS

PANORAMIC VIEW
OF A CUMULUS
OF ARMED PEOPLE
WALKING

A A A A A A A A A A A A A A A A A A A A A A A A A A A A A A A A A A A A A A A A A A A A A A A A A A A A A A A A A A A A A A A A A A A A A A A

BLIMP
BLOND

WE CAN TRY IT ON LOOP AND WHEN THE METALS GO LOOSE OF THEIR TAPE THEY CAN LIGHT OUT FOR THE TERRITORY

FROM
MY HOUSE
YOU CAN SEE
LUMINOUS WHEEL
GUN SHOW
BALOON HEAR
CUSTOMERS AND
ROTOR BLADES

A
VA
TAR
IN
FO
RM

FROM THIS DOOR YOU CAN SEE
THE GUN SHOW
A LINE OF ARMED
MEN WAITING FOR VALOR
FOR VALUE

LUMINOUS
WHEEL

HELICOP
TER

HELICOP
TER

HELICOP
TER

HELICOP
TER

HERE THE
ACCIDENT
ADVERTISEMENT
IS REPEATED

HERE
IT SAYS FAME
AND THEY TEACH
MODELING
ACTING

AUTO AUTO AUTO AUTO AUTO

FROM HERE YOU CAN SEE THE RUINS OF A
HAUNTED HOUSE AN INDUSTRIAL
EMBRYO

F
LAG

CIVIL WAR OFFICER WITH NO RELATION TO ARIZONA

AUTO AUTO AUTO AUTO AUTO AUTO AUTO AUTO AUTO AUTO AUTO AUTO AUTO AUTO
SIGN
FOR THE
GUN
SHOW
AUTO AUTO AUTO AUTO AUTO
AUTO AUTO AUTO AUTO AUTO
AUTOMATIC OF ORDINARY
AUTO
AUTO MATIC
AUTO AUTO AUTO AUTO AUTO
MATIC
MATIC

FROM HERE YOU CAN SEE CHRISTIAN
FRANKLIN TRAFFIC COMPLEX
POLICE VALOR ARMED MEN
AND FIRE SIGN PROHIBITS
HIGH TRESPASSING SAYS
SCHOOL SCHOOL ZONE FREE
OF DRUGS FIREARMS
GRAFFITI AND TOBACCO

ES UN DÍA DE VERANO DEL 2021
EL CIELO DE ESTE LENGUAJE ESTÁ SOBRESCRITO POR LENGUAJE QUE NO VEMOS

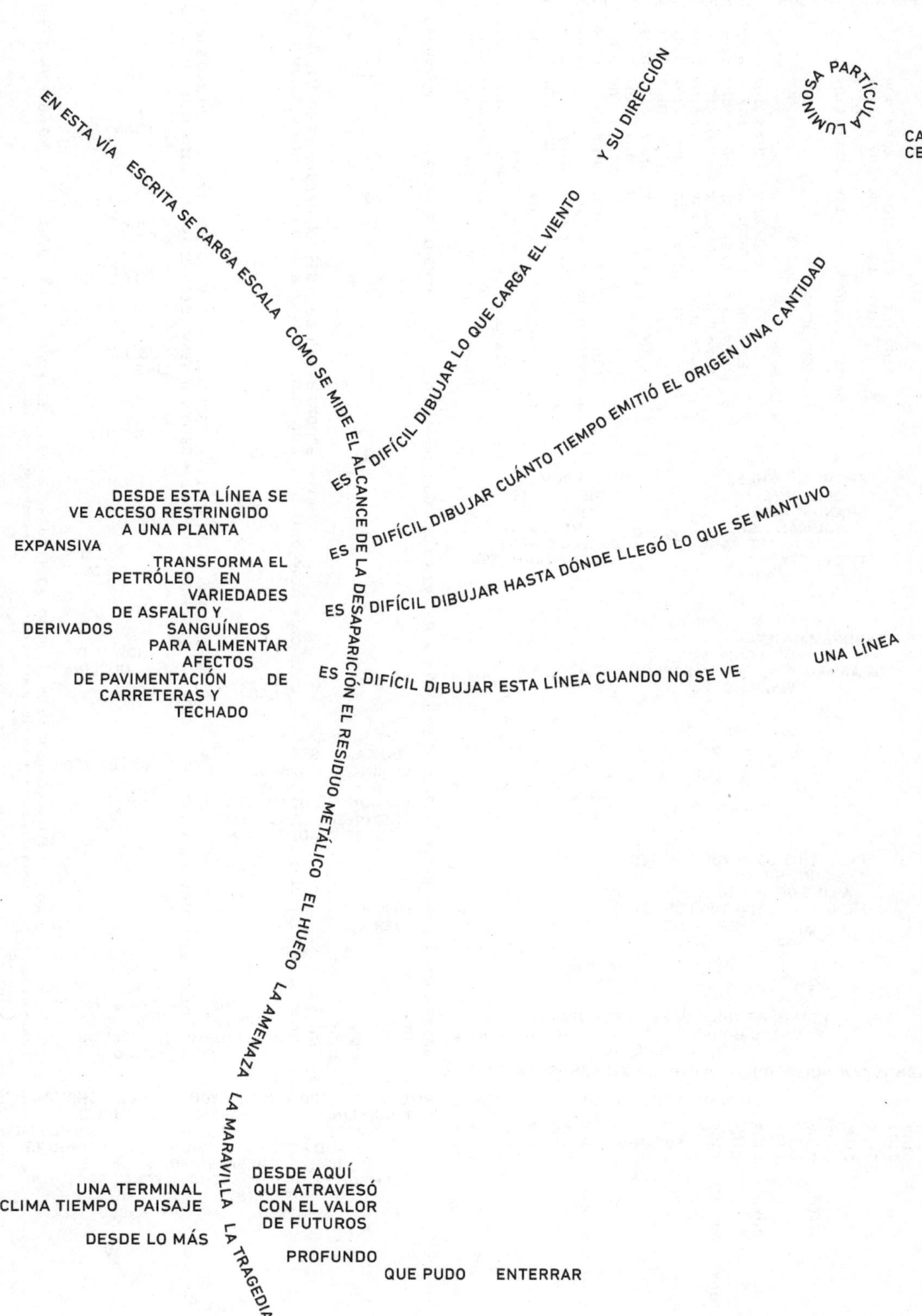

IT'S A SUMMER DAY IN 2021
THE SKY OF THIS LANGUAGE IS OVERWRITTEN
BY LANGUAGE WE DON'T SEE

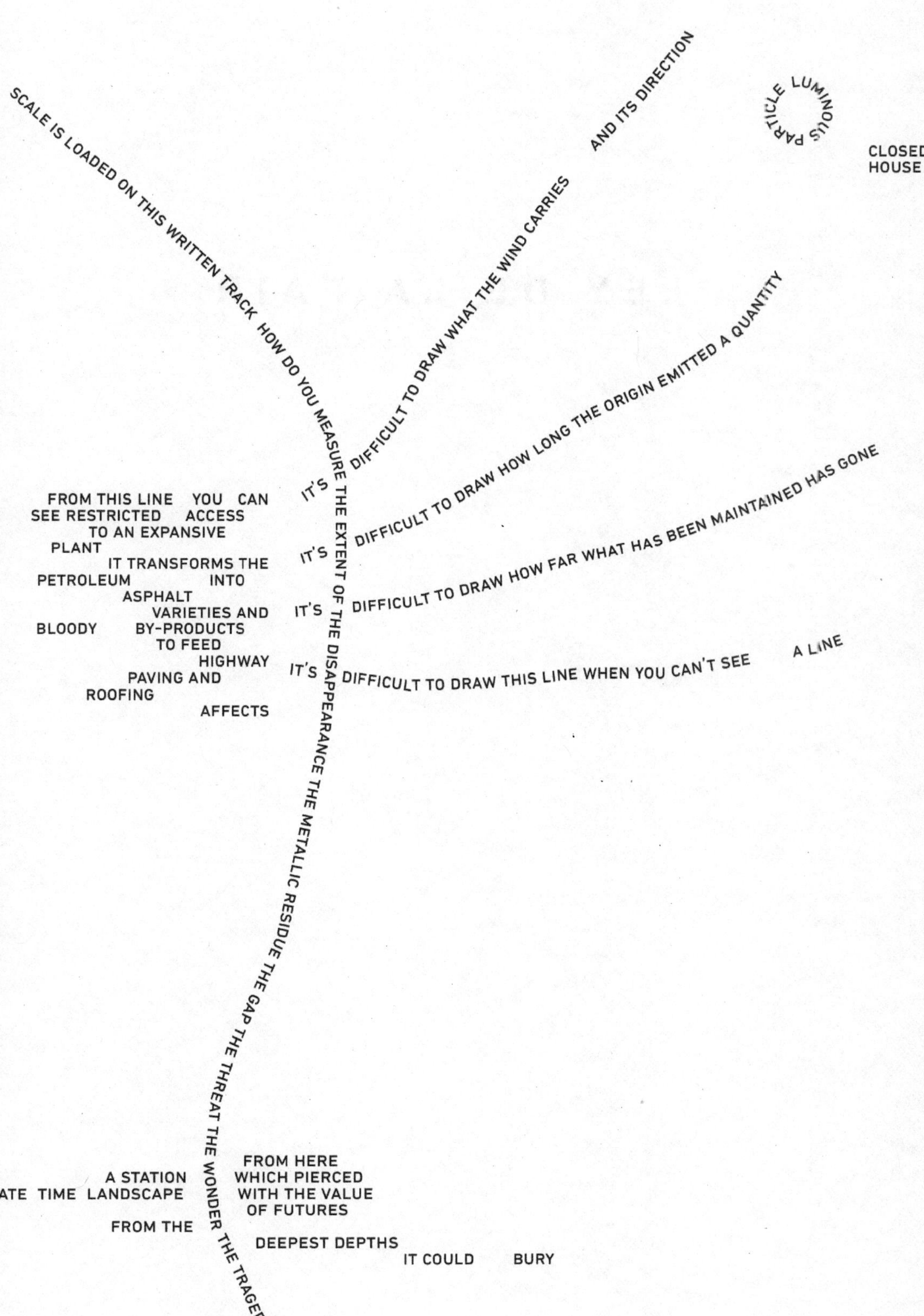

LEY DE LA FAIR

LAW OF THE FAIR

*

en el 2011   la legislatura de Arizona establece la colt single-action
como el arma oficial del Estado   tengo una media hermana que
vive en Connecticut   su madre la trajo a los cinco años   porque quería huir
de mi padre   un revolver es un repetidor   en mi niñez soñaba más
ataques cardiacos   afuera   que encima   afuera   como
un cuerpo   que remover de   la sumersión

veíamos el Llanero   solitario   el héroe llevaba dos colts
le crearon un *fiel*   *compañero* indígena   para darle   *con quien hablar*
comparar el grano   olvidar qué   hay debajo
le llamaron Tonto   una condición   de esa   montura   desde y
cómo habitamos   la imaginería   el valor de   ver huir
el valor   de ver   quién ve   huir

mi padre tenía un revolver   yo tenía 11 años   y uno de juguete
sus piezas no se movían   me disfrazaba de cowboy   y salía a pedir dulces
rumihuasi significa casa   de piedra   un espacio duro para   tener
valor   la encontré debajo   de su cama   en una caja   de metal
plata   como el caballo   junto a sus revistas   porno
concentración de   saliva   y libros marxistas   una
sumersión   dentro   que desplaza   la postura
del impulso

en 1839   Colt envía   revólveres   de repetición desde   el este
se inundó la casa   se mojaron   se   pegaron las páginas
en los 90's   por tener páginas
sobre clase   y conflicto   te removían   *la forma humana*
un niño puso   el dedo en el gatillo   e hizo sonar su boca   un soplo y
bum es   brisa de péndulo   ilusión de posesión en
cama atigrada

las balas   fueron hacia   la frontera   sur/oeste
la ley se desplaza   debajo   donde el   color traspasó
los márgenes   donde puso   el dedo   cavó un vacío   alrededor

*

in 2011 the Arizona legislature establishes the Colt single-action
as the State's official firearm I have a half sister who lives
in Connecticut her mother brought her when she was five because she wanted to
escape my father a revolver is a repeater as a kid I dreamed of more
heart attacks outside than loaded onto outside like
a body to drag from drowning

we watched el Llanero solitario the hero bore two colts
they created a *faithful* Indigenous *friend* to give him *someone to talk to*
to compare the grain to forget what's below
they called him Tonto a condition of that staging from and
how we inhabit the imaginary the value of watching escape
the value of watching who watches escape

my father had a revolver I was 11 years old and had a toy one
its parts didn't move I dressed up as a cowboy and went out to ask for sweets
rumihuasi means stone house a hard space to have valor to have
value I found it under his bed in a metal box
silver like the horse next to his porno mags
concentration of saliva and Marxist books a
submersion into what displaces the posture
of the impulse

in 1839 Colt sends repeating revolvers from the east
the house flooded they got wet the pages stuck
in the 90's for having pages
about class and conflict they removed your *human form*
a kid put his finger on the trigger and made a blow and
boom with his mouth pendular breeze illusion of possession in
a striped bed

the bullets went toward the south/west border
the law slips under where the color seeped past
the margins where the finger pressed a void sunk around

se sumerge   a través de lo   que se suspende
el héroe enmascarado   fue   un texas ranger
el vecino   armado   quiere ser   un héroe
envió armas   y pidió que   le regresen   mapeos

meses antes   oficializaron   la ley donde   *la sospecha*   *razonable*
existe por   apariencia   cómo se ve   la ansiedad   en el paisaje
una vez cogí   una   de las páginas   y le borré   las vocales
luego se   publicó ilegible   corporalidad   deformada   e ilusiones de   islas
el valor de la forma   es suma de   excepciones   bajo la
lengua se guarda   ancla   la vocal   para el rastro   se rellena
con algo   cerca   y se mastica

en la exposición   hombres montados   acumulan   y acomodan
para destacar   y desviar   salto entre   lo suspendido
la escala   fosas de   herencia   el umbral   amurallado
y las modalidades   de detención   gracias a sus   demandas
el armero sale de   la bancarrota   y en el salón
en 1967   golpean   brutalmente   a sindicalistas   chicanos
las páginas se   ondularon   formaron   un bloque
con años   de saliva   usada para   vender

en 1855   abre   su armería   en Connecticut   los cinco
tíos abuelos de   mi media hermana   fueron trabajadores
de la fábrica   operaron máquinas   ensamblaron metal   un patio
de recreo es   una frontera   aprendida   el valor de evitar   que la
apariencia   escape   luego participaron   en la huelga   larga
el valor de creer   en derechos
por apariencia   vs   el valor   del trabajo   más duro

yo no pude huir   de mi padre porque   éramos su   familia pública
cómo caminar   como un chico   ansioso de valor   en un barrio bravo
jugar de marcador   a la guerra   jugar un rol
en el abuso   incrementar la escala   estar calado en corriente

submerges   through what   is suspended
the masked hero   was   a Texas Ranger
the armed   neighbor   wants   to be a hero
sent arms   and asked   for mapping   in return

months before   they signed   the law where *reasonable*   *suspicion*
exists for   appearance   how does   anxiety   look   in the landscape
once I took   one   of the pages   and   erased   the vowels   then it was
published illegible   deformed   corporality   and illusions   of islands
the form's value   is the sum of   exceptions   the vowel is kept
anchored   under   the tongue   for the trace   fills
with something   close   and is chewed up

in the exhibition   mounted men   accumulate   and adjust
to highlight   and divert   I hop between   what's suspended
the scale   graves of   legacy   the walled   threshold
and the modalities   of detention   thanks to   their increased   demand
the gunsmith emerges   from bankruptcy   and in   the hall
in 1967   they brutally   beat   Chicano   unionists
the pages   rippled   they formed   a block
with years   of saliva   used for   sales

in 1855   he opens his armory   in Connecticut   the five
great uncles of   my half sister   were workers
in the factory   they operated machines   assembled metal   a school
playground is   a learned border   the value of stopping
appearance from   escaping   later they participated   in the long   strike
the value of believing   in rights
based on appearance   vs   the value   of working   harder

I couldn't escape   my father because   we were his public family
how to walk   as a kid   anxious for valor   in a rough neighborhood
playing at man-marking   at war   playing a role
in the abuse   to ramp up the scale   to be formed   by voltage

un padre es un repetidor un niño se
comunica a través del ruido que hace una parte
de su cuerpo cuando se cae se rellena con
escena de acción y pidió rentabilidad

en 1857 Colt invierte en SONORA EXPLORING AND MINING
y envía dinero y más revólveres a la frontera
para asesinar por apariencia cómo traducir un pedazo
de algo el lenguaje encarna relación de marcadores
pero no ecualiza frecuencias en el 2012
el Sheriff anuncia que proveerá automáticas
para que los que lleguen no escapen

la vocal hace globo los patriotas se esconden y regresan
no sabemos qué hacer con eso en la fábrica de fabulas
de lo *fair* victoria y honorabilidad son provistas
por el héroe supremacista operó mecanismos
de correas y ejes para educar la puntería
con nuestros juguetes construimos hábitos
un niño imita un punto y vuelve a jugar
otro nombre para la colt
single-action es peacemaker

a father   is a repeater   a child
communicates   through   the noise made by   a part
of their body   when it falls off   it fills with
a fight   scene   and he demanded   profitability

in 1857   Colt invests   in SONORA EXPLORING   AND   MINING
and sends   money   and more revolvers   to the   border
to murder   for appearance   how to translate   a shard
of something   language incarnates   relation of   markers
but doesn't equalize   frequencies   in   2012
the Sheriff announces   he'll provide   automatic rifles
so that   those who arrive   won't escape

the vowel forms   a globe   the patriots   hide   and return
we don't' know   what   to do with that   in the   fable   factory
of the *fair*   victory and   honor   are supplies
for the supremacist   hero   he operated   mechanisms
of conveyor   belts   and shafts to   educate   the aim
with our   toys   we build   habits
a boy   imitates   a point   and plays   again   and   again
another name   for the colt
single action   is the peacemaker

**

Antes de llegar
vi ese documental
en donde niños disparan
metralletas en ferias en Kentucky
ahora esa rueda gira detrás de mi casa
en esta no hay un campo
de tiro para probar lanzallamas
pero en un estacionamiento en McDowell su billboard
anuncia un cruce de caminos como un objetivo
para disparar encerrado en un círculo
en un mercado no hay solitario
sino varios hombres
en línea que esperan las formas
de aislar

en la granja de un tío de Eme su padre sacó unos rifles
un círculo dentro de otro adentro hay un cielo
colgado de un fresno azul todos los hombres
comenzaron a disparar es víspera
del cambio de hombre en el gobierno y
esa rueda es ídolo y truco
una cruz alta cortada
para el ensamblaje ¿a cuántos hombres armados
tengo que esquivar para llegar? no es el árbol
un origen el cielo es áspero sino una trayectoria
que fabrica objetivos como principios

una enseñanza es pronóstico protegido por ley
ARIZONA RESPETA EL DERECHO DE LOS CIUDADANOS
ESTADOUNIDENSES DE PORTAR UN ARMA DE FUEGO
¿cómo se construyó el sentido de lo ordinario?
la amenaza es coloreada por la dimensión festiva

**

Before   arriving
      I saw that   documentary
            where kids   fire
      machine guns   at fairs   in   Kentucky
      now   that wheel   spins   behind my   house
at this one   there's not   a shooting
            range   for trying   flamethrowers
      but   in a parking lot   on McDowell   its billboard
advertises   a cross   roads   as aimed
      crosshairs   trapped   in a circle
            in a market   there's no alone
      rather   several men
      lined up   waiting for   the ways
            to isolate

on Em's uncle's   farm   her dad took out   some rifles
      a circle   within another   inside   there's a sky
      hanging   from a blue   ash tree   all the men
            started firing   it's the eve
of the   change of the man   in power   and
      that wheel   is idol   and trick
            a tall cross   cut
      for   the assembly   how many   armed men
do I need   to dodge   in order to   arrive?   the tree   isn't
      an origin   the sky   is rough   rather   a   trajectory
            that fabricates   crosshairs   as principles

      a lesson   is a prediction   protected   by law
ARIZONA RECOGNIZES   THE RIGHT   OF ALL   UNITED STATES
      CITIZENS TO   CARRY FIRE   ARMS
      how was   the meaning   of ordinary   constructed?
the threat   is colored   by   the festive   dimension

no es el árbol la repetición la yerba se separa
sino un estado automático de apuntar
DE FORMA ABIERTA U OCULTA CON O SIN PERMISO
lanzaron discos al cielo y también les dispararon
LA LEY NO EXIGE QUE LAS ARMAS
QUE SE LLEVEN ABIERTAMENTE
ESTÉN EN UNA FUNDA ESTUCHE O VAINA
mi avatar es áspero por la tensión de los vientos
y nos mira desde el cruce de duración tras símbolo
entre su deuda y oscilación
un cruce de caminos es círculo sin margen
ARIZONA NO EXIGE A LOS VENDEDORES
PRIVADOS QUE INICIEN UNA VERIFICACIÓN DE
ANTECEDENTES CUANDO TRANSFIEREN lo ordinario
entre el ojo y el anuncio
escucho la oposición de mis pasos
ser algo que está por romperse y ser
una vez más
la frágil apariencia del margen

su padre vino hacia mí y sin escuchar respuesta
me enseñó cómo poner y sacar el seguro
del músculo más tierno
ese motor es velocidad de valor
es el tambor
de un objetivo
vendido cargado
con cartografías de acumulación
los niños del documental tienen moretones en los brazos
culo de arma está excavando sueños
mi avatar es derrame ocular
tras trueno lento
donde pone el ojo temperatura es inhabitable
y donde escribe *futuro* se suspende aire

the tree isn't the repetition the weeds part
but an automatic state of aiming
OPEN CARRY OR CONCEALED WITH OR WITHOUT A PERMIT
they launched discs into the sky and also shot them
THE LAW DOES NOT EXPRESSLY REQUIRE
OPENLY CARRIED WEAPONS
TO BE IN A HOLSTER CASE OR SCABBARD
my avatar is rough due to the winds' tension
and they watch us from the cross of duration after symbol
between their debt and oscillation
a cross roads is an edgeless circle
ARIZONA DOES NOT REQUIRE PRIVATE
SELLERS TO CONDUCT A BACKGROUND
CHECK WHEN TRANSFERRING what's ordinary
between the eye and the advertisement
I hear my footsteps' opposition
to be something that's about to break and to be
once again
the fragile appearance of the margin

her father came toward me and not hearing a response
showed me how to lock and unlock the safety
of the most tender muscle
that motor is value's velocity
is the cylinder
of a sight aimed
sold loaded
with cartographies of accumulation
the kids in the documentary have bruises on their arms
gun butt excavates dreams
my avatar is ocular effusion
after slow thunder
where sight is set temperature is uninhabitable
and where *future* is written air is suspended

zepelín rubio en forma de bala vuela sobre mi casa
dice GUN SHOW y crece basura
en sentido de gracia
yo también tengo moretones en los brazos
cuando se dice GAME ANIMAL
se dice de un animal que puede ser cazado

a bullet-shaped   blond blimp   flies over   my house
it says GUN SHOW   and   garbage piles   up
in the sense   of grace
I too   have   bruises on   my arms
when one says   GAME ANIMAL
it refers to   an animal   that can be   hunted

***

IF YOU KNOW
HOW MANY GUNS
YOU OWN...
YOU DON´T HAVE
ENOUGH anuncia
la camiseta del viejo que muestra fusiles
a una familia uniformada
el valor de la SEGUNDA ENMIENDA
es una canción de cuna que tiene la señalética STOP baleada
¿qué es borrado
en la secuencia de posesión?
brisa del péndulo llena de zumbidos de moscas
el grano de la casa es el valor
de las miles zumbando
la demanda sube *tras cada masacre*
el soplo aprende algo y hace inseguro
el impulso una mosca puede ser ahogada
en el inodoro no hay que perder de vista al
símbolo viviente

ESTOY AQUÍ → • "you shouldn't be here" una voz
devota se ahoga tras medallas con esvásticas
y cajas con antigüedades militares
¿cómo se autoriza credibilidad
qué define su distancia desde el objetivo
su visión antecedente y suficiencia?
somos al mismo tiempo une otre y
una condición de su ambiente que puede
ser un efecto riesgoso o un lugar
para sentirse a salvo

***

IF YOU KNOW

HOW MANY GUNS

YOU OWN...

YOU DON´T HAVE

ENOUGH advertises

the shirt on the old man showing rifles

to a uniformed family

the value of the SECOND AMENDMENT

is a lullaby with a shot-up STOP sign

what is erased

in the sequence of ownership?

pendular breeze full of buzzing flies

the grain of the house is the value

of the thousands buzzing

the demand surges after each massacre

the blow learns something and makes the impulse

insecure a fly can be drowned

in the toilet don't lose sight of the

living symbol

I AM HERE → • "you shouldn't be here" a devout

voice drowns behind swastikaed medals

and boxes of military antiques

how is credibility authorized

what defines their distance from the aim

their sight background and sufficiency?

we are at the same time an other and

a condition of their environment that can

be a risk effect or a place

to feel safe

este sábado despejado la SEGUNDA ENMIENDA podría decir
THE RIGHT OF THE PEOPLE TO ~~KEEP AND B~~FEAR
~~ARMS~~ SHALL NOT BE INFRINGED
¿es la línea entre lo que se exhibe rastrea
y oculta inútil?
la posibilidad del resto o de lo indefinido
una lista de varias listas alrededor
del objeto concentraciones inevitables alrededor
de la precisión las ofertas de los mecanismos
de uso frecuente y su mantenimiento
la cuerda se estira alrededor la medida
del *game* es la inestabilidad del cruce
rounds *and prayers* y lobby es un derecho

this cloudless   Saturday   the SECOND AMENDMENT   could say
    THE RIGHT OF THE PEOPLE   TO ~~KEEP AND B~~FEAR
  ~~ARMS~~ SHALL NOT   BE INFRINGED
is the   line between   what's exhibited   what's tracked
  and what's   hidden   useless?
the possibility   of what's   left   or what's   indefinite
  a list   of various lists   around
the   object   inevitable   concentrations   around
  precision   the sales   on   frequently
    used   mechanisms   and their   maintenance
the cord   stretches   around   the   measure
  of the *game*   is the   instability   of the cross
  rounds   *and prayers*   and lobbying   it's a right

****

EL DERECHO DEL PUEBLO

~~A AGUANTAR~~ TO BEAR

NO DEBE

SER VULNERADO

una familia podrá tener
el derecho a un *arm*
pero *arm* también es una parte del cuerpo
y el componente colectivo de un cuerpo social
un nervio muscular que
tras su desmembramiento
se ha usado
como símbolo del labor day
e instrumento para la explotación
de las mujeres en las fábricas cuando
fue propaganda de guerra
pueden como la US CONSTITUTION dice
BEAR ARMS
para conservar la libertad
de mantener la amenaza del orden
pero *arm* en su sentido obsoleto
también significa persona miserable o desdichada
y define según el diccionario
de inglés de Oxford
a la *gente pobre* *como clase*
¿cuántas versiones de esta enmienda
han construido una nación?

****

THE PEOPLE'S RIGHT

~~TO BEAR~~ A AGUANTAR

MUST NOT

BE INFRINGED

a family will have
the right to an *arm*
but *arm* is also a part of the body
and the collective component of a social body
a muscular nerve that
through its dismemberment
has been used
as a symbol of labor day
and an instrument for the exploitation
of women in factories when
it was war propaganda
they can as the US CONSTITUTION says
BEAR ARMS
to preserve liberty
to maintain the threat of order
but *arm* in its obsolete sense
also means a miserable or wretched person
and defines according to the Oxford
English Dictionary
poor people *as a class*
how many versions of this amendment
have built a nation?

*****

Estoy en la   rueda   más larga
una escuela   secundaria   está   frente
al show   un letrero   prohíbe   tomar   imágenes
alguien   te registra   con agresividad
un sticker   pega una   lectura
ambigua   de clasificación
marcas   compiten   por el   estado   de partida
se acerca   alguien   con la   silueta   de un soldado
arrodillado   con alas de   aguilucho y   rifle
dice—   PATRIOT   MOVEMENT
transcribo   algo   pero
¿es posible   contar   siluetas   símbolos
de simulación   la síntesis   de una secuencia
sin que formen   pero   interrumpan   desvíen
el medio   su recubrimiento   la logística?

una tarde   de otoño   se documentaron
1225 GRUPOS   ACTIVOS   DE ODIO   EN LOS ESTADOS
MUCHOS   PRETENDÍAN   ACTUAR O   ACTUABAN   COMO   UNA MILICIA
una fila   detrás del patriota   viste
camisetas   estampadas   con   las   palabras
crime   *christmas*   *deport*   *patriotism*   *dreamers*
¿qué sueña   alguien   que persigue   simula forma
la mayor   parte   de su vida?
fair significa   a la vez   papel
en blanco   y   material impreso
ordinario   es algo   *que no tiene*   *distinción*   *en su línea*
¿cuánto espacio   ocupa   este lenguaje
más   allá de   sí mismo?
el juego   del valor es   repetidor   la escuela
del frente   ofrece   especialización   en seguridad   pública
crime   es un juego   de vulnerabilidad

*****

I'm on the largest wheel
a high-school is across from
the show a sign prohibits taking pictures
someone registers you with aggression
a sticker slaps an ambiguous
reading of classification
brands compete for the starter state
someone draws near with the silhouette of a soldier
kneeling with eagle wings and a rifle
it says— PATRIOT MOVEMENT
I transcribe something but
is it possible to (re)count silhouettes symbols
of simulation the synthesis of a sequence
without them forming rather interrupting diverting
the means their coating the logistics?

some autumn afternoon
1225 ACTIVE HATE GROUPS were documented IN THE STATES
MANY INTENDED TO ACT OR ACTED AS MILITIAS
a line of men behind the patriot wear
shirts stamped with the words
crime *Christmas* *deport* *patriotism* *dreamers*
what does someone dream who hunts simulates shape
most of his life?
fair means simultaneously blank
paper and printed matter
ordinary is something *that has no* *distinction* *in its line*
how much space does this language occupy
beyond itself?
the game of valor is repeater the school
across the street offers specialization in public safety
crime is a game of vulnerability

39 GRUPOS DE ODIO ESTÁN ACTIVOS EN ARIZONA
Y 94 EN EL PAÍS UTILIZAN LA PALABRA "PATRIOT"
O UNA DERIVACIÓN EN SUS DENOMINACIONES
en el niño el juego mantiene la huella
del metal a la página llega un pronóstico
va de extremo al volumen como péndulo
lo escrito siempre será insuficiente
ante el seguimiento y su parecido con el fondo
el arma se estableció como símbolo estatal dos meses
después de la matanza en Tucson
en el 2019 cuando estudiaba en El Paso
un supremacista entró a un supermercado y asesinó
a 23 ¿cómo decir extremo
sin experimentar desorientación? la escala
numérica deshumaniza minutos antes
había posteado en un foro un manifiesto basado
en la teoría conspiracionista *la gran* *sustitución*
antes pudo comprar legalmente
su semiautomática llenando un formulario simple

un avatar es archivo acumulado por impunidad
esta línea se hizo antes de la siguiente estadística
no es posible desactivar minas
con saliva y una esperanza reescrita
los patriotas se hacen pasar por agentes de la migra
se disfrazan de caricaturas buscan trofeos
y disparan y me miran desde la esquina
de rifles ESTOY AQUÍ → • "you shouldn't be here"
me dice el hombre con camuflaje desde el puesto
de al lado ¿qué sueña una persona a la que
se le persigue simula forma
constante y numérica?
un avatar es desenfoque por valor

39 HATE GROUPS ARE ACTIVE IN ARIZONA
AND 94 ACROSS THE COUNTRY USE THE WORD "PATRIOT"
OR SOME DERIVATIVE IN THEIR DENOMINATIONS
in the child the game maintains the imprint
of the metal on the page a prediction arrives
moves from the extreme to the volume like a pendulum
what's written will always be insufficient
facing the tracking and its resemblance to the background
the firearm became a state symbol two months
after the shooting in Tucson
in 2019 when I was a student in El Paso
a supremacist entered a supermarket and murdered
23 how to say extreme
without experiencing disorientation? the numerical
scale dehumanizes minutes before
he had posted in a forum a manifesto based
on *the great replacement* conspiracy theory
before he could legally buy
his semiautomatic by filling out a simple form

an avatar is an archive accumulated through impunity
this line was made before the next statistic
it's not possible to deactivate mines
with saliva and a rewritten hope
the patriots pass themselves off as agents of la migra
they cosplay as caricatures they seek trophies
and they fire and they watch me from the corner
with rifles I AM HERE → • "you shouldn't be here"
says the man dressed in camouflage from the neighboring
booth what does a person dream who
is hunted simulates shape
constantly and numerically?
an avatar is blur via value

a veces race *significa corre*

en el bucle alrededor

DEL DERECHO **AL MIEDO**

creo que necesito un mejor camuflaje

NO DEBE **SER VULNERADO**

sometimes race *means run*

in the loop around

THE RIGHT TO FEAR

I think I need better camouflage

MUST NOT BE INFRINGED

ENCANTO

ENCANTO

*

Al llegar AQUÍ → • ves arreglos lineales
alguien te mira y recuerdas qué
hacías antes de llegar
unos niños montan bicicleta en la vereda histórica
caminas entre líneas con una promesa de sospecha
pasas de la vena en el *arm* a la forma de la boca

el barrio huele mal y
un paso es un motivo pero más un peso
un *vecino* es *una proximidad física*
y bloquea esta línea (y no puedes llegar)
pasas del intento de esquivar
a la secuencia de pasar de una exhibición
a otra que posee una idea cuyos *bordes*
crecen *más rápido que* *la propia superficie*

parece que el mal olor viene
de una planta de asfalto
esperas por algo mientras se desgasta o escala
pero es más repetir *posesión* o ubicar
qué se reitera en el contrato
habitar puede ser *una interpretación*
de lo que queda *ahí afuera*
la idea hace borde cuyo dentro parece
no estar habilitado

la policía dice *there will be one* *designated area* *in*
Encanto for *free* ~~*speech*~~ screech
la palmera vista desde abajo es pausa una idea
simultánea espera ser habilitada
avatar a veces suena como *habitar*

*

Arriving HERE → • you see lineal arrangements
someone watches you and you remember what
you used to do before arriving
some kids ride bikes on the historic sidewalk
you walk between lines with a promise of suspicion
you move from the vein in the *arm* to the shape of the mouth

the neighborhood smells bad and
a walk is a motive but more so a weight
a *vecino* is *a physical* *proximity*
and he blocks this line (and you can't arrive)
you move from trying to dodge
to the sequence of moving from one exhibition
to another possessing an idea *whose edges*
grow *more quickly than* *the surface* *itself*

the bad smell seems to come
from an asphalt plant
you wait for something while it deteriorates or escalates
but more so it's to repeat *possession* or to place
what is reiterated in the contract
to inhabit can be *an interpretation*
of what remains *out there*
the idea makes an edge whose within seems
not to have been made habitable

the police say *there will be one* *designated area* *in*
Encanto for *free* ~~*speech*~~ screech
the palm tree seen from below is pause a simultaneous
idea waits to be made habitable
avatar sometimes sounds like *habitar*

y alguien vigila esta línea y la siguiente
un rally ocupa el barrio desde la fairground
se dividen los sentidos entre lo que se infla se vacía
y nunca terminas de llegar
y la siguiente es regulada
por alguien que flamea su bandera sobre tu rostro
habilitar es también *subsanar su representación*
y se puede decir de la forma y posición
que te dan los márgenes

al parecer emite benceno
mantienes el equilibrio en la línea floja
que alguien sujeta
¿de qué lado dependes para hacer algo?
hacia Encanto Park los jardines xerófilos
tienen piedritas puntiagudas
vecino *es una identidad cívica que creció*
gracias a la expansión de la colonia
tu rostro se hincha de un lado
ambos lados dos lados
habitar es quedarse más
y habilitar implica una legalidad de movimiento
¿cuáles son las posibles variables de mi respuesta?

and someone guards this line and the next one
a rally occupies the neighborhood from the fairgrounds
the senses split between that which inflates which empties
and you never finish arriving
and the next one is regulated
by someone who waves his flag over your face
to make habitable is also *to remedy one's representation*
and it can be said of the shape and position
the margins give you

apparently it emits benzene
you keep your balance on the loose line
that someone holds up
which side do you depend on to do something?
toward Encanto Park the xerophilous gardens
have prick-pointed pebbles
neighbor *is a civic identity encouraged*
by further expansion of the colony
your face swells from one side
both sides two sides
to inhabit is to stay more
and to be habitable implies a legality of movement
what are the possible variables of my answer?

**

Queremos ser *buenos vecinos* *y nos esforzamos tanto*
le decimos mientras nos pasamos
por el cuerpo su bandera
arrancar es flamear desde un cráneo
repleto de hablantes que bailan mientras
desvían el sonido de la violencia habitual

una casa recién remodelada con metal
y banderas es un archivo una línea
sostiene una forma que ocupa
demasiado espacio
y THIS AREA is PROTECTED BY
NEIGHBORHOOD WATCH AND OPERATION
IDENTIFICATION
un diseño que sintetiza del *arm* a la boca divide
la sucesión de lo que obstruye o proclama

la inhalación de benceno puede
hacerte perder el conocimiento
y su exposición prolongada puede
causar anemia y leucemia
¿cuál es el diseño de la extensión?
a simple vista puede ser una forma de esquivar
pero al escalar es una edificación que
proyecta una sombra que tapa
la *interpretación* *de lo que queda* *ahí afuera*
y sitúa la búsqueda de *la fuente*
a partir *de la* *cual* *se copia* *y se produce*
en lo *que* *se convirtió*

**

We want to be *good neighbors* *and we're trying so hard*
we tell them as we rub
their flag over our body
to grab is to wave from a skull
full of speakers dancing while
diverting the sound of the habitual violence

a house recently remodeled with metal
and flags is an archive a line
holds a shape that occupies
too much space
and THIS AREA is PROTECTED BY
NEIGHBORHOOD WATCH AND OPERATION
IDENTIFICATION
a design synthesizing from *arm* to mouth divides
the succesion of what obstructs or proclaims

the inhalation of benzene can
make you lose consciousness
and prolonged exposure can
cause anemia and leukemia
what is the design of the spread?
at first glance it could be a form of dodging
but when scaled it's an edification that
projects a shadow covering up
the *interpretation* *of what remains* *outside*
and situates the search for *the source*
from *which* *it's* *copied* *and is* *produced*
into *what* *it became*

el término *vecino se usó* *para identificar*
a ciudadanos *que* *defendían* *asentamientos* *coloniales*
vecino es un respetable miembro
de la *Arizona* *Rifle and* *Pistol* *Association*
lleva monumentos en sus ropas
y todo el tiempo quiere escalar su posesión
establecer dinámicas policiacas de proximidad
y mirarme como un proceso de integración en su
jerarquía barrial vecino hizo llamadas
telefónicas para denunciar movimientos de traducción
la exposición prolongada afecta la médula
de los huesos hay montículos de tierra
alrededor del barrio podríamos conectar los puntos
a través de un formulario pero
la *empatía* *es* *un* *extremo*

su bandera huele a mí
el gesto se le deforma
entre la realidad y el espejismo de su frecuencia
queremos ser *buenos vecinos* *y* *nos esforzamos* *tanto*
rota el espacio alrededor de mi lengua
de la forma en que me aísla de las *preposiciones*
del lugar como si les debiera desierto
aunque vivimos en una línea obstruida
ellos dicen que atentamos contra la propiedad
privada y cometimos ofensa
contra el patrimonio cultural del sur

the term *vecino was used* *to identify*
citizens *who* *defended* *colonial* *settlements*
neighbor is a respectable member
of the *Arizona* *Rifle and* *Pistol* *Association*
wears monuments on his clothes
and always wants to scale up his possession
to establish police dynamics of proximity
and to watch me like a process of integration in his
neighborhood hierarchy neighbor made phone
calls to denounce translation movements
prolonged exposure affects the bone
marrow there are mounds of earth
around the neighborhood we could connect the points
through a form but
empathy *is* *an* *extreme*

his flag smells like me
his gesture deforms him
between reality and the mirroring of its frequency
we want to be *good neighbors* *and* *we're trying* *so hard*
the space spins around my tongue
in the form in which I'm isolated from *prepositions*
of place as though I owed them desert
though we live on an obstructed line
they say we infringed upon private
property and committed an offense
against the cultural patrimony of the south

***

El olor *penetró* *por lo huecos* *de mis ventanas* *históricas*
pero *tenemos* *que comprobar* *la dirección* *del viento*
un avatar vandaliza un rostro con un espray plateado
le abre el ojo para que brille su iris durante
el pánico del chis y la ráfaga química
vecino sale a trotar todas las mañanas
su repetición se fija en esta línea continua
se marca como advertencia
que sitúa *entre* *la cámara* *y la calamidad*
la medición de la identidad
la compañía *dice* *que* *probemos* *que fueron* *ellos—*
queremos ser *buenos* *vecinos* y exigimos
que ustedes lo crean
una pirueta se refleja en charco como accesorio
de sombra suirirí piquirrojo bebe azufre
del pantano el muñeco inflable con túnica
se estira se balancea en el césped
la identidad *vecina* *es un proceso* *una performance* que se mide
por *asociación* *protección* y almacenamiento
la fuente calcula el alcance y produce la suspensión
de creencia y examen de lo percibido
un vecino se estira se balancea en el concreto
viste shorts con líneas flácidas y un polo blanco como esta hoja
hace contacto visual y cruza el parque para exigirnos
que dejemos de escribir sobre olores
porque según la proximidad de su extensión
le *preocupa* *más* *lo que* *no podemos*
oler *o ver* *que lo* *que podemos*
el humo también sirve para perder un sonido
¿qué otra cosa se podría haber perdido
en el juego entre proximidad y sintaxis?
agrega que *tenemos múltiples* *fuentes que huelen* *parecido*
como *los motores* *de la autopista* o *el sistema* *del alcantarillado*
se repite el fragmento de la bandera sobre un cuerpo

***

The smell   *seeped in*   *through the gaps*   *in my historic*   *windows*
   but *we have*   *to prove*   *the wind's*   *direction*
an avatar   vandalizes   a face   with   silver   spray   paint
   opens   the eye   so its   iris   might   shine   in
   the panic   of the   chisss   and the   chemical   blast
   neighbor goes   jogging   every   morning
his repetition   holds fast to   this continuous   line
   is marked   like   a warning
   that situates   *between*   *the camera*   *and the calamity*
   the measurement   of   identity
the company *tells us*   *to*   *prove*   *it was*   *them—*
   we want to be   *good*   *neighbors*   and   we require
   you   to believe it
   a pirouette's   reflected   in a puddle   like a shadow's
accessory   a black-bellied   whistling-   duck   drinks   marsh
   sulfur   the inflatable   doll   in a robe
   stretches   sways   on the grass
the vecino   *identity*   *is a process*   *a performance*   measured
   through   *association*   *protection*   and storage
the source   calculates   the reach   and   produces   the suspension
   of   belief and   examination   of what's   perceived
   a neighbor   stretches   sways   on the concrete
wears shorts   with flaccid   lines   and a polo   white   as   this page
makes visual   contact and   crosses the   park   to   demand
   that   we stop   writing   about   smells
   because   due to   the proximity   of   its spread
   he's *more*   *concerned*   *about*   *what we cannot*
   smell   *or see*   *than what*   *we can*
   smoke also   serves to   make a   sound   disappear
what   else   might have   been   lost
   in the game   between   proximity   and syntax?
they add   that *we*   *have multiple*   *sources*   *which smell*   *similar*
   like   *the engines*   *on the highway*   *or the sewer*   *system*
the line   about   the flag   rubbed over   a body   is repeated

un rostro   se lava   en el charco   del paisaje
¿cuál es la dirección   del viento cuando   un lado   ambos lados
dos lados   con diferentes   escalas   utilizan   los mismos
materiales   pero uno   copia   y   se produce
para   distraer   de los   huecos
y ocultar   la línea   de lo que   convirtió?

en el parque   se escuchan   estruendos   de cláxones
de motociclistas   que apoyan   al candidato
esta tarde   el calor   alcanza   109 grados
el candidato   dice   que es   *supermodelo*   *y que*   *aparece*
en las   *portadas*   *de las*   *revistas*   *más*   *importantes*
en este   parque   está   inflado   junto al   Sheriff
vecino   trota   y nos   grita   que   *por qué*
sudamos   *tanto*   el candidato   hace   onomatopeyas   para
describir   cómo golpea   vocifera   frases similares   5 veces
vecinos aplauden   y vecino   nos   lanza
su saliva   embotellada
mi avatar   hace contacto   visual y   cruza   el escenario
para firmarle   el rostro   con   el aire   de la lata
un *evento*   *repentino*   *e irrevocable*   para   agregarle
una extensión   efímera   a lo urbano   de su espejo
esta línea es   palmeras   y palo verdes
es el soplo   de mi boca   vs   el viento
le llamaremos   Encanto   como el parque   que rota
mientras le jalo   el metal atado   al cuello   para que
sienta   el mundo libre   en sus arrugas

a face is washed in the puddle of the landscape
which way is the wind blowing when one side both sides
two sides with different scales use the same
materials but one copies and is produced
to distract from the gaps
and to hide the line of what it became?

in the park the sound of horns honked
by bikers who support the candidate
this afternoon the heat hits 109 degrees
the candidate says he's a *supermodel* *and that* *he appears*
on the *covers* *of the* *most* *important* *magazines*
in this park he's inflated next to the Sheriff
neighbor jogs and yells asking *why*
we're sweating *so much* the candidate makes onomatopoeias
to describe his punches he shouts similar phrases 5 times
neighbors applaud and neighbor hurls
his bottled saliva at us
my avatar makes visual contact and crosses the set
to sign his face with the air in the can
a *sudden* *and* *irrevocable* *event* to add
an ephemeral spread to his mirror's urban image
this line is palms and palo verdes
is my mouth's gust vs the wind
we'll call him Encanto like the park which spins
as I yank the metal strapped to his neck so he might
feel the free world in his wrinkles

RUEDA DE LA FORTUNA

WHEEL OF FORTUNE

*

Esa rueda   de puntos   luminosos
               que habita   detrás   de mi casa
es también una   rueda de la fortuna
          se construyó   en Chicago   en la *World's*
               Columbian Exposition   en 1893
                              pero un origen
                         no es   un punto fijo
está hecho   de púas   como el eje   de
               la rueda   que celebró
     el IV   Centenario de   la colonización   de América
9 estatuas   más   de Colón   se instalaron   en los estados
               el presente   no es   un punto   aislado
     pero camina   vendado   con una pena
                              que le quiebra   las piernas
                    un destello   es más preciso
          cuando se   le coloca   en relación   a lo común
     a veces   el hecho histórico   te espera   como un adorno
lleno   de polvo   debajo
               una marca   brillante   en la superficie
     la fuerza   de la línea   es un reflejo   se desprende
          necesitas   saber dónde   ha rodado
qué   hay encima   pero también   atender
     al objeto   que iluminaba   pero   cubría

     esa rueda   gira como   *si un imperio*   *fuera divertido*
               réplicas en   tamaño   real   de la   Niña
la Pinta y la   Santa   María   fueron   atracciones   principales
     la historia   se marca   a través de   sus polvos
no salgo   hace mucho   pero parece   que recién   he llegado
     ¿cuántas veces   tengo que   comenzar   o debo   decir
de mi   nueva vida   quiénes son   cubiertos
     con polvo   mientras   entran   en las cabinas?

*

That wheel   of luminous   points
which inhabits   the space   behind my house
is also a   wheel of fortune
it was built   in Chicago   at the *World's*
Columbian Exposition   in 1893
but an origin
isn't   a fixed point
it's made   of barbs   like the shaft   of
the wheel   which   celebrated
the 4th   Centenary of   the colonization   of America
9 more statues   of Columbus   were installed   across the   states
the present   isn't   an isolated   point
but it walks   bandaged   with a sorrow
that breaks   its legs
a glimmer   is more precise
when   placed   in relation   to what's   commonplace
sometimes   the historical   fact   waits for you   like a   decoration
covered   in dust   underneath
a gleaming   mark   on the surface
the force   of the line   is a reflection   it splits off
you need   to know where   it's spun
what's   on it   but also   to attend
to the object   which illuminated   but   concealed

that wheel   twirls as   *if an empire*   *were fun*
full-scale   replicas   of   the Niña
the Pinta and the   Santa María   were   main   attractions
history   is marked   through   its dusts
I haven't   gone out   in a while   but it seems   I've just arrived
how many times   do I need   to start over   or   to explain
about my   new life   who is   covered
in dust   as   they enter   the cabins?

estoy parado   frente a ella   abajo   acumulando
canto   de su giro   repetido
¿qué es lo que entretiene   —su escala   su volumen
su uso   lo que   reproduce—
tanto   que pasa   desapercibida?

las luces   de la rueda   me apuntan   al cuerpo   y la vivienda
el hecho   *histórico es*   *una visión*   *doble*   necesita
experimentar   el presente   para empujar   a la multitud
temporal   que lo ve   perderse   en el residuo
¿está el presente   chocando   equitativamente?
el juego   te engaña   para simular   fortuna
muy grandioso   *superabundante*   *majestuoso*
es una sensación   *indescriptible*   *la de girar*
a través de   *una órbita*   *tan vasta*   *en una jaula*   *de pájaros*
desde el   origen de las luces   pasajeros
me miran   mirarles   en campo estéril   crece basura
en sentido de gracia   y se turnan   tras un lento   regresar
es un ejemplo   *sorprendente*   *de imprudencia*   *e hipocresía*
pero la gente   *proyecta*   *sus más nobles*   *aspiraciones*
esa rueda   se convirtió   en el *estándar*   *con el*
que se compararía   *cada*   maquinaria   *posterior*

I'm standing before it down below gathering
chant from its twirl on repeat
what entertains —its scale its volume
its use what it reproduces—
so much that it goes unnoticed?

the wheel's lights aim at my body and my home
the historical *fact is* *a double* *vision* it needs
to experience the present to push through the temporary
crowd who see it get lost in the residue
is the present crashing fairly?
the game tricks you to simulate fortune
magnificent *superabundant* *majestic*
it's an *indescribable* *sensation* *of revolving*
through such *a vast* *orbit* *in a bird* *cage*
from the lights' origin passengers
watch me watching them in a barren field garbage piles up
in the sense of grace and they take turns after a slow return
it is a striking *example* *of imprudence* *and hypocrisy*
but people *project* *their most noble* *aspirations*
that wheel was turned into the *standard* *against*
which each *subsequent* machinery *would be* *compared*

**

Decir *primer* es revisar un pronóstico
Colón es una escala se enviaron
exploradores al sur del continente para saquear tumbas
una vez entré y el texto era una especie de polvo
para desaparecer las marcas
desde las alturas copias de estatuas griegas
adornaron los pabellones
una necrópolis peruana fue montada con más de 50 momias
reales una vez entré y vi cómo un *monster truck*
destruía pequeños autos vacíos
mi casa es amplia y vacía la casera
abre y entra sin permiso cuando no estamos
el ruido del auto es proporcional a la autoestima
del conductor el texto se exhibe con una luz
que cataloga su tamaño
una vez entré y un globo aerostático ofrecía pistolas
visiones desde el aire y muebles una diferencia entre
visualidad y *visión* es atender al destino del consumo
del ritual del estudio científico y de lo muerto
¿es la tumba peruana un espacio en negativo o estoy
intentando ponerme cómode en un lugar repleto?
185 cadáveres fueron secuestrados por el curador *un minero*
de momias un graduate student de Harvard
mi cuerpo pasa por los controles del archivo soy el punto
móvil que sacude que espera por acceso busco
documentos que originaron busco algo para habitar
el medio ambiente entre la partida y la posesión
la posición y lo suspendido paso tanto tiempo en esta
casa y no la conozco me siento observade
por erosiones cutáneas objetos erosionados por
su devaluación Fénix es una ciudad que
deja de ser más barata algunes amigues
piden estacionar sus autos frente a mi casa para subir

**

To say *first* is to revise a prediction
Columbus is a scale explorers
were sent to the south of the continent to raid tombs
I went in once and the text was a species of dust
to disappear the marks
up above copied Greek statues
adorned the pavilions
a Peruvian necropolis was staged with more than 50 real
mummies I went in once and saw how a monster truck
destroyed small empty cars
my house is wide-open and empty the landlady
opens and enters without permission when we're not home
the vehicle's noise is proportional to the driver's
auto-affirmation the text is exhibited with a light
that catalogues its size
I went in once and a hot-air balloon was offering pistols
views from the air and furniture one difference between
visuality and *vision* is attention to the fate of the consumption
of the ritual of the scientific study of the dead
is the Peruvian tomb a negative space or am I trying
to make myself comfortable in a place that's already filled?
185 cadavers were kidnapped by the curator
a mummy miner a Harvard graduate student
my body passes through the archive's controls I'm the point
that moves that shakes that waits for access I look for
documents that originated I look for something to inhabit
the atmosphere between the departure and the possession
the position and the suspended I spend so much time in this
house and I don't know it I feel like I'm being watched
by cutaneous erosions objects eroded by
their devaluation Phoenix is a city that
isn't cheaper anymore some friends
ask to park their cars outside my house to post

sus fotos   en carritos   y neón   a Instagram
una vez entré   y habían   maniquíes   de yeso   cuerpos
comisionados   jóvenes   atléticos   erguidos   sobre   pedestales
rotulados   *típicos*   en binomio   hacia   espécimen   olímpico
decir primer   es revisar   la forma   en la que   se abrió
una tumba   y se extrajo   el cuerpo   se le convirtió
en atracción   y a   la pena   en estudio
el curador   escribió   ESTA COLECCIÓN   HA PASADO
A MANOS   DE LOS   FIDUCIARIOS   DEL   ~~COLUMBIAN~~   FIELD
MUSEUM   mi cuerpo   es dividido   según
sus posiciones   de incomodidad   esa fue   la primera   tesis
de Harvard   en   antropología   y la   segunda del   país   *escrita*
por un ciudadano   típico   *estadounidense*   una vez   entré
y habían   colocado arena   y grava   como efecto   fundacional
entre   alambradas   habían suprimido   la ofrenda   ante
la fascinación   de   *millones*   un cuerpo   está   encogido
tiene la   *boca*   *abierta*   *y está*   *lejos*   *de casa*
mi familia   me parece   cada vez   menos   familiar
las medidas   se basaron   en cuerpos   de estudiantes
blancos   de educación   física   y al   modelo
de apropiación   le llamaron *rescate*   se certificó   Y   FORMARÁ
PARTE   DE   SUS   COLECCIONES   lo   realmente visible   es
la tierra   encima y   qué metáforas   no se hacen   polvo

their photos   in carts   and neon   on Instagram
I went in   once   and there   were plaster   mannequins   commissioned
bodies   young   athletic   standing up straight   on   pedestals
labeled   *typical*   in binary   bent toward   Olympic specimen
to say first   is to revise   the form   in which   a tomb
was opened   and a   body was   extracted   turned
into attraction   and   grief   into study
the curator   wrote   THIS COLLECTION   HAS PASSED
INTO THE   HANDS OF   THE TRUSTEES   OF THE   ~~COLUMBIAN~~ FIELD
MUSEUM   my body   is split   according to
its positions   of discomfort   that was the   first   Harvard
thesis in   anthropology   and the   second in the   country   *written*
by a   typical *American*   *citizen*   I went in   once
and they'd   placed sand   and gravel   as a   foundational   effect
between   wire fences   they'd erased   the altar   facing
the fascination   of millions   a body is   hunched   cringing
open-   *mouthed*   *and*   *far*   *from*   *home*
my family   seems less   and less   familiar
the measurements   were based   on the   bodies of
white   physical   education   students   and   they called
the model   of appropriation   *rescue*   it was   certified   AND WILL   FORM
PART OF   THEIR   COLLECTIONS   what's   truly visible   is
the dirt   on top   and   what metaphors   don't turn   to dust?

***

The coming of age of USA*merican anthropology*

un espacio *de expansión del campo* un monumento

más largo avistado desde su destino

fair *significa buen viento para los barcos y abierto*

a la vista y al agregarle *skin* designó estándar

entre 1880 y 1930 más de 25 mil personas indígenas

fueron llevades en barcos a ferias alrededor del mundo

decir para anclar es

decir qué costas atravesó el lenguaje

las maquinarias mueven fuerzan los cuerpos

el buen viento me causa alergia me pica el rostro

se seca el labio se parte en pliegues

examino los ángulos un cuerpo erguido

es sostenido por un conjunto de ángulos

el cadáver dejó de tener un entierro propio

un *aparente discurso agradable pero engañoso*

se manifiesta en líneas impersonales

la rueda se detiene para recoger más pasajeros

el buen viento por el designio especial del cielo

la lleva a otra feria desde la jaula

se balancea la vista en campos cercados más de mil

personas de un estado libre asociado fueron exhibidas

un coyote urbano sube a mi cerca y mira las luces

unos helicópteros hacen su ronda nocturna

sobre mi barrio luces sobre la página quisiera

acostarme y disfrutar del amor

la vida *florece hasta la llegada del fuego*

la multitud en cautiverio enfermó algunes

murieron otres pasaron a formar parte de colecciones

la jaula hecha de archivo

de quien me mira se sigue balanceando

no quiero ser parte de la exhibición pero me piden

que negocie qué hago AQUÍ → •

me siento observade por el encierro y la espera

***

The coming   of age of   USAmerican   anthropology
a field- expanding   space   a longer
monument   as seen   from   its fate
fair   *means favorable*   *wind*   *for ships*   *and open*
to viewing   and when   *skin* is added   it designated   standard
from   1880   to 1930   more than 25   thousand   Indigenous people
were   brought   on ships   to fairs   around the   world
to speak   to anchor   is
to say   which coasts   language crossed
the machinery   moves   forces the   bodies
the favorable wind   gives me   allergies   stings   my face
dries   my lip   splits it   into   creases
I examine   the angles   a body   standing   up straight
is held   up by a   joint collection   of angles
the cadaver   stopped   having a   proper   burial
a *pleasant*   *but misleading*   *apparent*   *discourse*
is manifested   in   impersonal   lines
the wheel   pauses   to gather   more   passengers
the favorable   wind   for   the special   commission   from   heaven
brings it   to   another fair   from   the cage
the   view   sways   in fenced   fields   more   than a   thousand
people   from a   commonwealth   were   exhibited
an urban   coyote   jumps onto   my wall and   watches   the lights
some helicopters   make their   nightly   rounds
over my   neighborhood   lights   on the page   I'd like
to lie down   and enjoy   love
life *blossoming*   *until the coming*   *of the blaze*
the crowd in   captivity   got sick   some
died   others went on   to form part   of collections
the cage   made from   the archive
of those who   watch   me   keeps   swaying
I don't want   to be part of   the exhibition   but they demand
that I deal in   what I do   HERE → •
I feel   like   I'm being   watched by   the lockdown   and the waiting

somos   una cadena   de duelos   y buscamos
formas   cómo   llamar   al sentimiento   no lineal
que se   produce   de lo consecutivo
en esta feria   se organizó   una   preolimpiada
para exhibir   actuaciones   atléticas   de personas   indígenas
y   medirles   los cuerpos   de forma   defectuosa
para la alineación   no interesa   si hay   trampa
y para   la asimilación   no interesa   cuán   largo
es el   efecto   ni   si hubo   fractura
luego de   esta feria   la rueda se   dinamitó   y terminó
vendida   como chatarra   decir pronóstico   sin el detrás
donde el coyote   avista   y busca   desecho
las cenizas   de su inventor   fueron   abandonadas   en una
funeraria   porque nadie   pagó   el saldo   que se les   debía
una vez   entré   y había una   imagen
de Colón   adolescente   sentado
frente al   mar   mirando   el   horizonte

we're a chain of griefs and we're looking for
forms to name the non-linear feeling
produced by consecutivity
at this fair they organized a pre-Olympics
to exhibit athletic feats of Indigenous people
and to measure their bodies defectively
for alignment it doesn't matter if it's a scam
and for assimilation it doesn't matter how long
the effect is nor if there was a fracture
after this fair the wheel was dynamited and ended up
sold for scrap to say prediction without the behind
where the coyote finds and hunts for trash
its inventor's ashes were abandoned in a
funeral home since nobody paid the remainder owed
I went in once and there was an image
of Columbus as a teen sitting
facing the sea his eyes on the horizon

****

Las ferias mundiales cultivaron
la idea de cómo se ve
un agujero
y programaron su idea
de prosperidad
la jaula es el *penúltimo estado*
no veo los sistemas de almacenamiento del atrapamiento
pero siento la atmósfera del pasillo
en el campo abierto se ve una simulación
tras el reflejo en el vidrio
de tu cuerpo lo montado de la simulación sucesiva

en el 2018 imágenes de niñes en
centros de detención en Texas
comenzaron a circular en aparatos prósperos
desde este espacio
en mi oficina en Fénix
veo en una pantalla los planos
generales que publicó la CBP
desde este puente Santa Fe entre
Juárez y El Paso a las 3 AM
veo desde arriba familias envueltas en papel
aluminio y ordenadas en filas
mientras un oficial las llama por un número
mal pronunciado en español
desde esta carretera de autopartes
vemos entrar un bus sin ventanas
a Tornillo les gritamos porque sabemos
que hay niñes dentro alrededor
veo unos globos en forma de corazón
y algunas personas tomándose fotos con
letreros solidarios

****

The world's fairs cultivated
the idea of how
a hole looks
and programmed their idea
of prosperity
the cage is the *penultimate state*
I don't see the systems of capture storage
but I sense the atmosphere of the hallway
in the open field one can see a simulation
behind the reflection in the glass
of your body what's mounted in the successive simulation

in 2018 images of kids in
detention centers in Texas
began to circulate on prosperous devices
from this space
in my office in Phoenix
I see on a screen the general
plans published by CBP
from this Santa Fe bridge between
Juárez and El Paso at 3 AM
I see from above families wrapped in aluminum
foil and ordered into lines
as an official calls them by a number
mispronounced in Spanish
from this auto-parts highway
we see a windowless bus enter
Tornillo we yell at them because we
know there are kids inside around us
I see heart-shaped balloons
and some people taking photos with
signs in solidarity

desde aquí no los vemos pero sabemos
que están dentro de las carpas
bajo el paraguas de la ley de 1929
autoridades al norte de Nueva York ya encarcelaban
a niñes por *no cruzar por el puerto frecuente*
una disciplina está ocupada por algo removido
y este papel no refleja un cuerpo montado
y el papel aluminio que les sirve como manta
se arruga en mi ventana
les niñes absorben
miradas metálicas y no terminan de
proyectarse donde la piel crece
y se descascara

un sentido se mira desde el afecto
el intermediario acelera y persigue con opacidad
la superficie opaca absorbe partes del plano
pero el paisaje no cubre la longitud de la alambrada
¿puedes notar la distancia entre tu mirada
y el defecto estas palabras y el excedente?
¿puedes notar desde qué aprendizaje estás en estudio
qué imagen nuestra ha sido proyectada
en este billboard y cuántas veces se han
intercambiado cacería secuestro y detención?
mientras esa rueda
sigue siendo fortuna y
abundancia

from here we can't see them but we know
that they're inside the tents
under the umbrella of the law of 1929
authorities in the north of New York were already imprisoning
kids for *not crossing through the frequent port of entry*
a discipline is occupied by something removed
and this paper doesn't reflect a mounted body
and the aluminum foil that serves as their blanket
wrinkles in my window
the kids absorb
metallic gazes and don't stop being
projected where skin grows
and flakes off

a meaning is watched from the affect
the intermediary accelerates and haunts with opacity
the opaque surface absorbs parts of the blueprint
but the landscape doesn't cover the length of the fence
can you notice the distance between your gaze
and the defect these words and the surplus?
can you notice which learning you're being studied from?
which of our images has been projected
onto this billboard and how many times
hunting kidnapping and detention have been interchanged?
meanwhile that wheel
is still fortune and
abundance

SPLIT-SCREEN

SPLIT-SCREEN

*

Hemos puesto sus cuerpos en muñecos llenos de aire
¿necesitamos que nuestras ruinas sean visibles?
"me gusta la amplitud de los espacios"
me dice Roberto en el museo de arte
una botella de plástico yace seca al lado de la entrada
una vez leí aquí con Forrest y le dije
que no necesitábamos otra traducción de Neruda
dos de los versos que escribí para la presentación
decían *el comunismo es una pregunta admirativa*
signos cruzados gracias a una traducción colectiva
pero solo los entendieron cuando proyecté la ilustración
en neón vimos una exposición de fotografías
que vinculaba la vida estadounidense con la *carretera abierta*
a través de la visión del paisaje por la ventanilla
y el culto al automóvil
que avanza sobre piedra hacia abismo

*

We've made their bodies into inflatable dolls
do we need *our* *ruins* *to be visible?*
"I like how wide-open the spaces are"
Roberto tells me at the art museum
a plastic bottle lies dry next to the entrance
I read here once with Forrest and told him
we didn't need another translation of Neruda
two of the verses I wrote for the reading
said *communism* *is an exclamatory* *question*
marks crossed *thanks to a* *collective* *translation*
but they only got it when I projected the illustration
in neon we saw an exhibition of photos
linking American life to the *open* *road*
via the landscape view as seen through the window
and the cult of the automobile
rolling over stone toward the abyss

**

Poco después   llegó la temporada   de monzones
y la biblioteca   pública se inundó
y se mojaron   miles de   libros raros
el agua en el desierto   regula el calor   y varía el peso
un billboard   rojo   acaba de ser   inaugurado en Grand
"si no tienes   nada   que ocultar   no   tienes
vida   íntima"   me dice   Eme
citando   a alguien   que no recuerda
en nuestra casa   se cortó   la electricidad   y   piedritas
golpearon   las ventanas   continuas   como tarolas
la artista   extendió   las líneas   diagonales
para transformar   una esvástica   en el símbolo   de dólar
me recordó   el poema visual   *simultáneo*   *sucesivo*   de Gomringer
me quité   la ropa y   fotografié árboles   contra relámpagos
y   nos iluminamos   los pliegues para   ganar agua
no   una disposición   como un plano
sino para   hacer espacio   como lo que   siguió
hasta   el florecer

**

A little later the monsoon season arrived
and the public library flooded
and thousands of rare books were drenched
water in the desert regulates heat and shifts weight
a red billboard was just inaugurated on Grand
"if you don't have anything to hide you don't have
a private life" Em tells me
quoting someone she doesn't remember
in our house the power went out and pebbles
pounded the windows ceaseless as snares
the artist extended the diagonal lines
to transform a swastika into the dollar sign
reminded me of Gomringer's visual poem *successive* *simultaneous*
I took off my clothes and photographed trees backlit by lightning
and we illuminated our folds to gain water
not a layout like a plane
rather to make space like what came after
until the bloom

***

Luego realicé   una performance en   Tucson
dividí la pantalla   y proyecté   a la vez
los discursos inaugurales   de los últimos nueve   presidentes
une piensa   en el apuro de les otres y
en la demanda territorial   del poema   como algo
que cambiará   al tener   otros materiales   en
el monumento   la agresividad   puede ser icónica
entonces los hice   gesticular   en mute   para medir
el sedimento   luego comencé   a jugar con sus   volúmenes
¿qué sonidos   forman   la frecuencia   la gravedad
representada   como cima?
uno despacio   otro domina   uno pierde
"estos   hombres   son   muy ruidosos"   le digo a Farid
la artista recibió   amenazas   de muerte
uno   de ellos   es el centro de   su billboard
dos hongos   ilustran   explosiones   nucleares
subo sus   volúmenes   uno   daña   y   "el resto
del mundo   debe estar   en silencio"   me responde
empecé   a jugar   para notar   sus semejanzas   tras la ganancia
uno lo usa   otro lo guarda   se altera
en la cena   respondí   con la frecuencia
de los deportados   en cada   administración
mezclo   las palabras   encadenadas   se ahogan
podría ser   un coctel para brindar   o una molotov

***

Later I staged   a performance in   Tucson
I split the screen   and simultaneously   projected
the inaugural addresses   of the past nine   presidents
one thinks   of other peoples' hardship and
of the territorial demand   of the poem   like something
that'll change   when it has   other materials   in
the monument   aggression   can be iconic
then I made them   gesticulate   on mute   to measure
the sediment   then I began   to play with their   volumes
which sounds   form   the frequency   the gravity
represented   as a peak?
one goes slow   another dominates   one gets lost
"these   men   are   really   loud"   I tell Farid
the artist received   death   threats
one   of them   is the center of   her billboard
two mushrooms   depict   nuclear   explosions
I raise their   volumes   one   harms   and   "the rest
of the world   has to keep   quiet"   they respond
I started   playing   to note   their similarities   through the gain
one uses it   another hides it   is altered
at dinner   I responded   with the frequency
of those deported   under each   administration
I mix   the chained   words   they drown
it could be   a cocktail for a toast   or a molotov

****

Hubo un tiempo cuando tratábamos de ver un videoclip
de una cumbia una salsa una balada en español en youtube
que el algoritmo nos obligaba a ver un comercial
en el que un hombre latino decía en español
"John McCain es un héroe para Arizona"
eran tiempos electorales y
el hombre paseaba feliz con su familia
por un suburbio vacío
aparece el candidato en un estrado con un micrófono
sonriendo a cabezas canosas
aparece la familia abrazada
"su apoyo al ejército nos
mantiene seguros"
las niñas lo miran sonrientes desde abajo
mientras las manos de los hombres se estrechan
"ha luchado por nosotros"
la mano del niño escribe
se escucha la voz de la mujer madre esposa
"yo confío en John McCain porque tiene liderazgo"
madre e hijo hacen la tarea
su voz concluye "por nuestra familia por nuestra comunidad
y por Arizona vota por John McCain"
inmediatamente otra voz irrumpe
"I am John McCain and I
approve this message"
luego nuestra canción

****

There was a time   when we tried   to watch   a videoclip
of a cumbia   a salsa   a balada   in Spanish   on youtube.
the algorithm   obliged us   to watch an ad
where   a Latino man   said
"John McCain es un héroe   para Arizona"
it was   election   season   and
the man   walked happily   with his family
through an empty   suburb
the candidate appears   at a podium   with a microphone
smiling   at white-haired heads
the family appears   embracing
"su apoyo   al ejército nos
mantiene seguros"
the girls   watch him   smiling   from below
while   the hands of the   two men shake
"ha luchado   por nosotros"
the child's hand   writes
now the voice   of the woman   wife   mother
"yo confío   en John McCain   porque tiene   liderazgo"
mother   and   son are doing   his homework
her voice concludes   "por nuestra familia   por nuestra   comunidad
y por Arizona   vota por John   McCain"
immediately   another voice   interrupts   in English
"I am John   McCain and   I
approve this   message"
then   our   song

*****

¿Cuánto es un disparo en
el juego del desafío
si cae en los genitales?
la moneda pasó por una serie
de moldes una aplanadora
estamos en búsqueda del valor real de una estrella
sobre una más grande y otra que simula
un disparo sobre genitales en una moneda
¿sigue siendo un monumento
para viejos blancos ricos?
un monumento es un archivo de silencios
producidos por el volumen de otros
el agente que disparó antes había
asfixiado a un hombre esposado
la moneda tiene grabada la fecha de la marcha
una amenaza al testículo izquierdo y un slogan electoral
en el centro de convenciones el presidente dice
you are very safe in this room y *they*
are trying to take away our history una definición
podría estar en los niveles de ansiedad que produce entrar
a una habitación repleta y ver a nuestro abusador
los muñecos llenos de aire
buscan ser hincados en el paisaje
los quiero ver encogerse mientras se ablandan
se protesta por el indulto al Sheriff
tras el gaseo y los disparos
monedas de desafío circularon por el Departamento
de Policía de Fénix no hubo investigación
interna solo una celebración del uso

*****

How much is   a shot worth   in
the   challenge   game
if   it hits   the genitals?
the coin   passed through a   series
of molds   a steamroller
we're   searching for   the true   value   of a star
on   a bigger   one   and another   simulating
a shot   hitting the genitals   on a coin
is it still   a monument
for rich   old white men?
a monument   is   an archive   of silences
produced   by   the volume   of others
the agent   who shot   had previously
strangled a   handcuffed man
the coin   is engraved with   the date of   the march
a threat   to the left   testicle   and a campaign   slogan
at the   convention   center   the president   says
you   *are very safe*   *in this room*   and   *they*
are trying   *to take away*   *our history*   a definition
could exist   in the levels   of anxiety   produced   by entering
a full   room   and seeing   our   abuser
the inflated   dolls
want to be   popped   in the landscape
I want to see   them   shrink   as   they go   slack
the protest   is against the   Sheriff's   pardon
after the gassing   and the shooting
challenge   coins circulated   through   the Phoenix
Police Department   there wasn't   an internal
investigation   just   a celebration   of its use

******

Los hijos de Fénix han crecido
y están curando tejidos que cruzan el paisaje
la forma en la que escribe te dice más
de cómo camina *divisa el desecho*
en qué parte del cuerpo se lo pone
en algunos lugares la poesía camina
por el pasillo de la oficina al baño pero aquí
les poetas hicieron que mi calor también fuera
nudos que sostienen un columpio
cortar *coser* *comunidad* hilo de sonido
se tensa medido con sueños
cartonerx va por *la ciudad* *en busca* *de vidas pasadas*
algo cambió o la historia comenzó a desear
cuando se inauguró *Palabras* y la poesía
con casi 40 por ciento de hablantes
dejó de ser una sección desorientada dentro de otra
entonces decidimos crear comunidades de bookmakers
escaneamos licorerías *super mercados* *contenedores*
de reciclaje en búsqueda de cartones *la suavidad*
de los gramajes *recibe ritmo* *que*
suena como un punk *pero de la forma* *en que se altera*
el corte *para unirse* *al cuerpo* *doblado*

******

The kids of Phoenix have grown up
and are curating textiles that cross the landscape
the form in which one writes tells you more
about how one walks *spying what's discarded*
where it's put in the body
in some places poetry walks
down the office hallway to the bathroom
but here the poets turned my heat
into knots that hold a swing
cut sew community thread of sound
is tightened measured in dreams
cartonerx roams the city in search of past lives
something changed or history started to desire
when *Palabras* was founded and *la poesía*
with nearly 40 percent of speakers
ceased to be a disoriented section mixed in with another
then we decided to create communities of bookmakers
we scanned liquor stores supermarkets recycling
containers in search of cardboard *the soft*
weight feels the rhythm which
sounds like punk *but in the form that alters*
the cut to join the folded body

****

El downtown deja de ser amplio hay más infraestructura
pero diez manzanas son ocupadas
por carpas decir minoría o decir *other languages*
es pintar una línea para inmovilizar
el Gobernador firma bills para obligar a cuerpos
no-blancos no-heteros a probar algo para acceder
a formas de uso y percepción
hacemos libros cada sábado *se menea el hueso*
para meter aguja en extensión del paso de baile
los martes vamos al *Bikini* a bailar cumbia
llegar es un verbo muy largo
el hilo adelanta cruza para sumar cuerpo
yo sé que quieres hablar del florecer
pero de eso ya se están encargando
tus jefes golfistas el swing te golpea
estar tan adentro para quebrar la forma
esta ciudad *es el paisaje de la rampa de salida*
cuando mapeamos algo inmediatamente puede caer
dejamos la cafetera moka en el fuego hasta que se cayó el asa
Fénix es un color luego otro y respondí
con la frecuencia de los deportados de los últimos hombres
una vez una tormenta de polvo nos atrapó en la carretera
todo se nubló en sepia y nos aisló
el avatar a veces se evapora
en tus sueños mientras duermes

****

The downtown   is no longer wide-open   there's more   infrastructure
but   ten   blocks   are occupied
by tents   to say minority   or   to say *other languages*
is to paint   a line   to immobilize
the Governor signs   bills to force   non-white
non-hetero   bodies   to prove something   to gain access
to forms of use   and perception
we make books   every Saturday   *the bone-for-   folding-paper   sways*
to put the needle   through the extension   of the dance
on Tuesdays   we go to *Bikini*   to dance cumbia
to arrive   is a long   long   verb
the thread   advances   crosses to   join the body
I know you want   to talk   about blooming
but that's   already being   handled by
your golfer   bosses   the swing   hits you
being   so deep   within   to break   the form
this city   *is the land   of the exit   ramp*
when   we map   something   it can   fall   in an instant
we left   the moka   pot on the flame   until the handle   fell off
Phoenix is one   color   then   another   and I   responded
with the frequency   of those   deported   by the   last   men
once a dust   storm trapped   us on the   highway
everything was   clouded sepia   and it   cut us off
the avatar   sometimes   evaporates
in your dreams   while you're   asleep

ARCADES

DOBLAJE

Las secuencias de versos "debe haber un paisaje / para errar sin moverse", "porque el nómada nunca abandona / los confines de la mente", "donde no puedes estar / en los mapas como en tus pensamientos" y "el desierto es el paisaje de la desaparición / coordinada" vienen del libro *The Desert* de Brandon Shimoda. Los versos "también la oscuridad / viaja a la velocidad de la luz" pertenecen a *Cinco segundos de horizonte* de Mario Montalbetti. Las secuencias "ESTÁS AQUÍ → • la sangre corre por el banco de datos / encontrarse cruzarse de caminos moverse a través del sistema" y "una superposición cartográfica una línea roja que traza el curso / desplazándose a través de montones de vidrio esmerilado" vienen del libro *The Network* de Jena Osman. Los textos "una serie de acciones / que se repiten", "y que permiten que unos cuerpos ocupen / espacio restringiendo la movilidad de otros", "los espacios públicos / toman forma a través de las acciones / habituales de los cuerpos" y "los espacios son como una segunda piel / que se despliega en los pliegues del cuerpo" son pasajes de *Queer Phenomenology* de Sara Ahmed, y "traigo mis encuentros pasados cuando llego" es un texto modificado de ese libro. El verso "esta trama más morena" viene de *Milk and Filth* de Carmen Giménez Smith. El verso "luz es ese animal visible de lo invisible" es de Lezama Lima. Los juegos con los conceptos "doblar" y "llegar" se inspiran en definiciones del diccionario de la RAE.

Para los textos sobre el Sheriff Joe Arpaio y la Maricopa County Sheriff's Office usé el reporte *The Notorious Record of Maricopa County, AZ 's Sheriff Joe Arpaio,* publicado por *America' s Voice.*

Los versos "en eso que empuja", "lo que se atraganta" y "hay cadáveres" son de *Cadáveres,* de Néstor Perlongher. El verso que comienza con "y si me refiero" es una versión de "y si me

ARCADES

TWOFOLDING

The series of verses "there has to be a landscape / for wandering in place," "for the nomad never leaves / the confines of the mind," "where you can't be / in maps as with your thoughts," and "the desert is the landscape of coordinated / disappearance" come from Brandon Shimoda's *The Desert.* The verses "darkness also / travels at the speed of light" come from Mario Montalbetti's book *Cinco segundos de horizonte.* The sequence "YOU ARE HERE → • blood runs through the data bank / meeting up crossing paths getting a move on through the system" and "a mapped overlay a red line charting the course / shifting through the stacks of frosted glass" come from *The Network* by Jena Osman. The texts "a series of actions / that are repeated," "and that allow some bodies to take up / space by restricting the mobility of others," "public spaces / take shape through the habitual / actions of bodies," and "spaces are like a second skin / that unfolds in the folds of the body" are passages from *Queer Phenomenology* by Sara Ahmed, and "I bring my past encounters with me when I arrive" is a modified text from this book. The verse "paint more brown into the plot" comes from *Milk and Filth* by Carmen Giménez Smith. The verse "light is that visible animal of the invisible" is from Lezama Lima. Some of the wordplays with the concepts of "folding" and "arriving" come from the Royal Spanish Academy's *Diccionario de la lengua española* (DLE).

For the texts about Sheriff Joe Arpaio and the Maricopa County Sheriff's Office, I used the report "The Notorious Record of Maricopa County, AZ's Sheriff Joe Arpaio," published by *America's Voice.*

The verses "in that which pushes," "what chokes," and "there are cadavers" come from *Cadavers* by Néstor Perlongher, translated by Donald Wellman and Roberto Echavarren. The verse that begins with "and if I refer" is a version of "and if I refer to him as a father

refiero a él como el padre de dos" de *Defacing the Monument* de Susan Briante. El verso "que creen que quebrar personas es parte de su oficio" es una versión de "que creen que matar es parte de su oficio" de *El álbum de las rejas* de Omar Pimienta. Los versos "estoy en una guerra no / estoy en un juego de guerra" y "si te preguntaran quién eres / primero tendrías que saber / quiénes eran" vienen de *Kill Class* de Nomi Stone. El verso "todo comienzo es solo una secuela" es del poema *Love at First Sight* de Wisława Szymborska. El texto "la muerte de extranjeros que intentan entrar / es un indicador de la efectividad de la estrategia" viene del Apéndice V del reporte GAO/GGD-98-21 de la General Accounting Office del Gobierno de los Estados Unidos de diciembre 11 de 1997, la cual fue una evaluación oficial sobre Prevention Through Deterrence, la política anti migratoria del gobierno que inicio en 1994.

El verso "no escribirnos sin cuerpo no / escribimos sin cuerpo" es de *todas las cajas están vacías* de Sara Uribe. Los versos "estamos jugando un juego llamado / compromiso de resistencia" y "cualquier / cosa podría ser un espejo acoplado" son de *The Real Horse* de Farid Matuk. El texto "¿cómo llega el objeto al campo / de visión de une?" es de *Queer Phenomenology* de Sara Ahmed. El verso "el viento es una cosa difícil de dibujar" es de *Ford Over* de JD Pluecker. La acepción de "fair" como "la amplia luz del día" viene del *Oxford English Dictionary.*

TERRITORIO

La imagen de la búsqueda viene de Google y es parte de un diálogo de un episodio de la animación *King of the Hill.* Los versos "hay un sol partido en dos y una sombra / espesa en la escisión" son de Mario Montalbetti. El texto "la pregunta no es sencilla no puede / responderse proporcionando una biografía del objeto como / si este tuviera una existencia independiente / de los puntos en los que se ve", es de *Queer Phenomenology* de Sara Ahmed. Los versos "una powerful story de / nueve personas que se desconocen" son una traducción libre de "a powerful story of 9 strange people", texto del afiche de la película *Stagecoach* (John Ford, 1939). El texto "una visión crucial que compone /un retrato" viene de "Stagecoach: Defining the Western", ensayo de David A. Punch. La expresión "las formas aceptadas / de conocimiento" viene del capítulo "Foucault and Habermas" de David Ingram publicado en el volumen *The Cambridge Companion to Foucault.* La frase "[la producción] / de cartografías hizo que se perdieran / más tierras nativas que / un conflicto físico" es la traducción de una declaración del artista y contracartógrafo Jim Enote para *Emergence Magazine.*

La expresión "territorio virgen" fue utilizada frecuentemente por la revista *Arizona Highways*; un ejemplo de este uso se puede ver en la página 28 de la edición de agosto del 2014. El

of two" from *Defacing the Monument* by Susan Briante. The verse "who believe that breaking people is part of their job" is a version of the verse "who believe killing is part of their job" from *Album of Fences* by Omar Pimienta. I took the verses "I am in a war no / I am in a game of war" and "if they ask you who you are / you would first have to know / who they were" from *Kill Class* by Nomi Stone. The verse "every beginning is only a sequel" is from the poem "Love at First Sight" by Wisława Szymborska. The text "the death of aliens attempting entry / is an indicator of the strategy's efficacy" comes from Appendix V of the United States General Accounting Office's report GAO/GGD-98-21 (Dec. 11, 1997), an official evaluation of Prevention Through Deterrence, the anti-migration policy enacted by the United States government starting in 1994.

The verse "no writing ourselves without bodies we / do not write without bodies" is from *all the boxes are empty* by Sara Uribe (tr. JD Pluecker). The verses "we're playing a game called / pledge of resistance" and "any / thing can be a coupled mirror" are from *The Real Horse* by Farid Matuk. The text "how does the object arrive into one's / field of vision?" is from *Queer Phenomenology* by Sara Ahmed. The verse "wind is a difficult thing to draw" is from *Ford Over* by JD Pluecker. The definition of "fair" as "broad daylight" comes from the *Oxford English Dictionary*.

TERRITORY

The image of the Google search is a screenshot featuring a pre-populated line from the animated show *King of the Hill*. The verses "there's a sun split in two and a shadow / thick in the excision" are from Mario Montalbetti. The text "the question is not a simple one it cannot be answered / by providing a biography of the object as / if the object had an independent existence / from the points at which they are viewed" comes from *Queer Phenomenology* by Sara Ahmed. The verses "a powerful story / of nine strangers" is a free translation of "a powerful story of 9 strange people," the text from the movie poster for *Stagecoach* (John Ford, 1939). The text "a crucial vision that pieces together / a portrait" comes from the essay *Stagecoach: Defining the Western* by David A. Punch. The expression "the accepted forms / of knowledge" comes from the chapter "Foucault and Habermas" by David Ingram, published in the volume *The Cambridge Companion to Foucault*. The phrase "native people / have lost more land through / mapping than through / physical conflict" is a version of a statement by the artist and counter-mapper Jim Enote in *Emergence Magazine*.

The expression "virgin land" was frequently used by *Arizona Highways* magazine, an example of which can be seen on page 28 of the August 2014 issue. The text "extremism in the defense

texto "el extremismo en la defensa / de la libertad / no es un vicio" viene del discurso de aceptación de Barry Goldwater a la nominación para ser el candidato presidencial del Partido Republicano en 1964. Los textos "los empresarios deben gobernar", "identidad masculina blanca estadounidense / en la cultura de consumo emergent", "fuerza modernizadora de vanguardia", "comodidades de un estilo de vida / para el ocio y la recreación de hombres de familias / anglosajonas de [élite] recién / equipados con automóviles" y "principales fabricantes [de vehículos e] insumos / para el sector defensa abrieron plantas seguidos por / corporaciones aeronáuticas y electrónicas" provienen de *The Creation of Cultural White Supremacy in Arizona, 1925-1940* de Thomas Collins. El verso "no es repetición sino insistencia" es de Gertrude Stein. La expresión "savage!" viene de un diálogo de *Stagecoach*. Los versos "imagina miles de pequeñas autopistas / siempre corriendo dentro de ti" vienen de *Open Pit* de Jose Antonio Villarán, y algunos de los versos siguientes siguen esa estructura. El texto "una profunda y / sangrienta tradición de vigilantismo" proviene de "The Bloody History of Border Militias Runs Deep—and Law Enforcement Is Part of It", artículo de Ryan Devereaux publicado en *The Intercept*.

El texto "un mapa es un objeto sensor [que se disfraza] / de código universal" viene del libro *The Social Life of Maps in America, 1750–1860* de Martin Brückner. La "democracia cazadora estadounidense" es un concepto desarrollado por Daniel Justin Herman. El textos "la escala aumenta hasta alcanzar el tamaño / exagerado aislado y carente de textura" viene de *Asphalt Nation* de Jane Holtz Kay. Los textos "quien diseñó los picos / fue un sportsman" y "la oportunidad es larga como el horizonte" vienen de la edición de diciembre de 1946 de *Arizona Highways*. "This is Arizona" es el título de un artículo breve y romántico acerca de la historia de Arizona, publicado en *Arizona Highways* en el mismo número y firmado por el editor Raymond Carlson. El verso "a special gift of the season" es parte de la leyenda de una fotografía de saguaros con nieve en las puntas publicada en la edición de diciembre de 1994 de *Arizona Highways*. Los versos "los cuerpos [reproducidos en campo / abierto] no están realmente muertos" vienen de *Arena* de Lauren Shapiro. El texto "él no hablaba inglés / le di un cigarrillo y ese fue el trato" viene de una entrevista a Barry Goldwater en la cadena C-SPAN. Los textos "hogar de los espíritus danzantes aguas / hierbas sagradas lugar de sepultura" y "no nos convence ninguno de los argumentos / [acerca de lo sagrado] que impida un uso responsable / y legítimo de la tierra" son adaptaciones del artículo "A Tale of Two Observatories: Astronomy and Indigenous Communities in the Southwest US" de Mia de los Reyes publicado en la revista *Astrobites*. El verso "la encarnación de una deidad" es la definición de "avatar" proveniente del Merriam-Webster Dictionary.

/ of liberty / is no vice" comes from Barry Goldwater's acceptance speech after being nominated as the Republican Party's presidential candidate in 1964. The texts "businessmen must govern," "white American male identity / in the emerging consumer culture," "vanguard modernizing force," "lifestyle amenities for leisure / and recreation targeted at [elite] / anglo family men newly / equipped with automobiles," and "the major manufacturers [of vehicles and] defense / sector supplies opened plants followed by / aeronautical and electronics corporations" are extracted and adapted from *The Creation of Cultural White Supremacy in Arizona, 1925-1940* by Thomas Collins. The verse "it's not repetition but insistence" is adapted from Gertrude Stein. The expression "savage!" comes from a line in *Stagecoach*. The verses "imagine thousands of small highways / always running inside of you" comes from the book *Open Pit* by Jose Antonio Villarán, and some of the subsequent verses follow that same structure. The text "a deep and / bloody tradition of vigilantism" comes from the article "The Bloody History of Border Militias Runs Deep — and Law Enforcement Is Part of It" by Ryan Devereaux published by *The Intercept*.

The text "a map is a sensory object [masquerading as] / universal code" comes from the book *The Social Life of Maps in America, 1750–1860* by Martin Brückner. The "American hunting democracy" is a concept developed by Daniel Justin Herman. The text "the scale swells to overblown size / isolated and lacking texture" comes from *Asphalt Nation* by Jane Holtz Kay. The texts "whoever designed the peaks was a sportsman" and "opportunity is as large as the horizon" come from the 1946 December issue of *Arizona Highways*. "This is Arizona" is the title of an brief romantic article about the history of Arizona, published in *Arizona Highways* in the same 1946 issue and signed by the editor Raymond Carlson. The verse "a special gift of the season" is part of the caption for a photo of snow-capped saguaros in the 1994 December issue of *Arizona Highways*. The verses "the bodies [reproduced on the open / field] aren't really dead" come from *Arena* by Lauren Shapiro. The text "he didn't speak English / I gave him a cigarette and that was the deal" comes from an interview with Barry Goldwater on C-SPAN. The texts "home to spirit dancers holy water sacred herbs / and a burial site" and "we are not convinced by any of the arguments / [about the sacred] which preclude responsible / and legitimate use of the land" are adapted from the article "A Tale of Two Observatories: Astronomy and Indigenous Communities in the Southwest US" by Mia de los Reyes published in the magazine *Astrobites*. The verse "the incarnation of a deity" is from a definition of "avatar" taken from the Merriam-Webster Dictionary.

La pregunta "Phoenix is?", que dirigí originalmente al algoritmo de Google fue también motivo de una convocatoria que hice a escritorxs que vivían en Fénix y cuya primera lengua era el español. Los resultados son los versos "Fénix es ocotillo verde / hediondilla seca / un mezquite encorvado" y "Fénix es jabalina prieta tras peñasco / rojo desgastado una oración perdida" de Luis Ávila, "Fénix es oxímoron: verde desierto /silencio ensordecedor" de Lázaro Fierro; "Fénix bruñe la piel es oasis incandescente" de Candelaria Cuevas, "Fénix es halo premonitorio" de Félix Castro, y "una quemadura / en el interior del párpado" de Marlyn Cruz.

SCENIC VIEWS

El primer mapa está basado en el "Street Guide City of Phoenix & Vicinity" que aparece en *Mapping Inequality: Redlining in New Deal America* del proyecto American Panorama del Digital Scholarship Lab at the University of Richmond. "We all know who wins a race that isn't a race" es un verso de *American Arithmetic,* poema de Natalie Diaz. El texto que se refiere a un "programa federal" utiliza datos del ensayo "Urban population characteristics and their correlation with historic discriminatory housing practices" de Anna G. White, Seth D. Guikema y Tom M. Logan. En la referencia a los talleres de la ferroviaria AT&SF utilizo datos del libro *The History of the Atchison, Topeka & Santa Fe* editado por Pamela Berkman. La línea "Civilization Follows the Improved Highway" fue el slogan de la revista *Arizona Highways* y parte del lenguaje usado para representar a las compañías proviene de anuncios comerciales publicados en la misma revista.

En el primer y segundo mapa, la representación de la ferrovía Atchison, Topeka y Santa Fe emplea una línea de la canción *On the Atchison, Topeka and the Santa Fe* de Johnny Mercer de 1944, que fue interpretada por Judy Garland en el filme *The Harvey Girls* y ganó el Óscar a la mejor canción original en 1946. Otras partes de la letra se usan en el primer mapa para representar los talleres de la AT&SF.

Los muros del campo ferial representados en el tercer y cuarto mapa toman el aliento metatextual de algunos poemas de Jorge Eduardo Eielson. En el cuarto mapa, el verso "un cúmulodecombustibles pasa / ahora mismo sobre la página" está basado en el verso "un cúmulodepalabras pasa ahora mismo sobre la página" del libro *Transterra* de Gerardo Villanueva. El verso "podemos probarlo en bucle y cuando los metales se suelten de la cinta, pueden encenderse a través del territorio" viene de *The Real Horse* de Farid Matuk.

The question "Phoenix is?" which I originally addressed to Google's algorithm was also the motive for a call I put out to writers whose first language was Spanish and who were living in Phoenix. The results are the verses answered with "Fénix es ocotillo verde / hediondilla seca / un mezquite encorvado [Phoenix is green ocotillo / dry creosote / a hunched mesquite]" and "Fénix es jabalina prieta tras peñasco / rojo desgastado una oración perdida [Phoenix is dusky javelina behind timeworn / red crag a lost prayer]" by Luis Ávila; "Fénix es oxímoron: verde desierto / silencio ensordecedor [Phoenix is an oxymoron: green desert / deafening silence]" by Lázaro Fierro; "Fénix bruñe la piel es oasis incandescente [Phoenix burnishes skin is incandescent oasis]" by Candelaria Cuevas; "Fénix es halo premonitorio [Phoenix is premonitory aura]" by Félix Castro; and "una quemadura / en el interior del párpado [a burn / on the eyelid's interior]" by Marlyn Cruz.

SCENIC VIEWS

The first map is based on "Street Guide City of Phoenix & Vicinity" which appears in *Mapping Inequality: Redlining in New Deal America* from the American Panorama project by the Digital Scholarship Lab at the University of Richmond. The verse "we all know who wins a race that isn't a race" comes from the poem "American Arithmetic" by Natalie Diaz. The text that refers to a "federal program" sourced data from the essay "Urban population characteristics and their correlation with historic discriminatory housing practices" by Anna G. White, Seth D. Guikema, and Tom M. Logan. In the reference to the AT&SF railroad shops I use data from the book *The History of the Atchison, Topeka & Santa Fe* edited by Pamela Berkman. The line "Civilization Follows the Improved Highway" was a slogan of the magazine *Arizona Highways* and some of the language used to represent the companies comes from commercial advertisements published in the same magazine.

In the first and second map, the representation of the Atchison, Topeka, and Santa Fe Railroad employs a line from the 1944 song *On the Atchison, Topeka and the Santa Fe* by Johnny Mercer, which was interpreted by Judy Garland in the film *The Harvey Girls* and won the Academy Award for Best Original Song in 1946. Other parts of the lyrics are used in the first map to represent the AT&SF shops.

The fairground walls represented in the third and fourth maps take on the metatextual spirit of some poems by Jorge Eduardo Eielson. In the fourth map, the verse "a cumulocombustible passes / right now over / the page" is based on the verse "un cúmulodepalabras pasa ahora mismo sobre la página [a cumuloword passes right now over the page]" from the book *Transterra*

En el quinto mapa, los versos que comienzan con "es difícil dibujar" son versiones de "wind is a difficult thing to draw" de *Ford Over* de JD Pluecker.

LEY DE LA FAIR

El texto "la sospecha razonable existe" viene de la Ley de Arizona S.B. 1070 conocida como la Ley del Odio. El documental al que me refiero en el primer poema se llama *Papi, cómprame un Kalashnikov* de Jon Sistiaga. El texto "Arizona respeta el derecho de todos los ciudadanos / estadounidenses a portar un arma de fuego / de forma abierta u oculta con o sin permiso" es una adaptación del lenguaje del Institute for Legislative Action, el brazo lobista de la *National Rifle Association*. El texto "la ley no exige que las armas / que se lleven abiertamente / estén en una funda estuche o vaina" viene de la entrada *Gun laws in Arizona* de Wikipedia. El texto "Arizona no exige a los vendedores / privados que inicien una verificación de / antecedentes cuando transfieren [lo ordinario]" viene de la sección *Background Check Procedures in Arizona* de la página web de Giffords Law Center. Los sentidos de "arm" fueron tomados del Oxford English Dictionary. Los datos sobre los grupos de odio provienen de la página web *del The Southern Poverty Law Center*. El verso "a veces race significa corre" viene del "American Arithmetic" de Natalie Diaz.

ENCANTO

Los versos "vecino es una proximidad física", "es una identidad cívica que creció / gracias a la expansión de la colonia", "el término vecino se usó para identificar / a los ciudadanos que defendían los asentamientos coloniales", y "la identidad vecina es un proceso una performance [que se mide] / por asociación protección [y almacenamiento]" son versiones de fragmentos del ensayo *Becoming Vecinos: Civic Identities in Late Colonial New Mexico* de Kelly L. Jenks. Los textos "cuyos bordes / crecen más rápido que la propia superficie" e "interpretación / de lo que queda ahí afuera" vienen de los conceptos "vacíos y llenos" y "habitar" del Diccionario Metápolis de Arquitectura Avanzada. La frase "subsanar su representación" viene del sentido "habilitar" del diccionario de la RAE.

El poema incluye también diálogos con vecines, comentarios y quejas posteados en la red social Nextdoor, así como algunas respuestas de Paramount Petroleum Corporation, compañía señalada como responsable de la contaminación ambiental.

El verso "empatía es un extremo" está basado en la expresión "empathy is an end point", usada en una conversación entre Solmaz Sharif y Rickey Laurentiis publicada en la revista *Sublevel.*

by Gerardo Villanueva. The verse "we can try it on loop and when the metals go loose of their tape they can light out for the territory" comes from *The Real Horse* by Farid Matuk.

In the fifth map, the verses that begin with "it's difficult to draw" are versions of the verse "wind is a difficult thing to draw" from *Ford Over* by JD Pluecker.

LAW OF THE FAIR

The text "reasonable suspicion exists" comes from Arizona S.B. 1070 known in Spanish as "la Ley del Odio" (the Hate Law). In the first poem, the documentary I refer to is called *Papi, cómprame un Kalashnikov* by Jon Sistiaga. The text "Arizona recognizes the right of all United States / citizens to carry firearms / open carry or concealed with or without a permit" is adapted from the language of the Institute for Legislative Action, the lobbying arm of the National Rifle Association. The text "the law does not expressly require / openly carried weapons / to be in a holster case or scabbard" comes from the *Gun laws in Arizona* page on Wikipedia. The text "Arizona does not require private / sellers to conduct a background / check when transferring [what's ordinary]" comes from the "Background Check Procedures in Arizona" section on the Giffords Law Center website. The meanings of "arm" were taken from the *Oxford English Dictionary*. The data on hate groups come from The Southern Poverty Law Center website. The line "sometimes race means run" comes from the poem "American Arithmetic" by Natalie Diaz.

ENCANTO

The verses "vecino is a physical proximity," "is a civic identity encouraged / by further expansion of the colony," "the term *vecino* was used to identify / citizens who defended colonial settlements," and "the vecino identity is a process a performance [measured] / through association protection [and storage]" are versions of fragments from the essay 'Becoming Vecinos: Civic Identities in Late Colonial New Mexico' by Kelly L. Jenks. The texts "whose edges / grow more quickly than the surface itself" and "an interpretation / of what remains out there" come from the concepts of "vacíos y llenos (empty and full)" and "habitar (inhabit)" in the *Diccionario Metápolis de Arquitectura Avanzada (Metapolis Dictionary of Advanced Architecture).* The phrase "to remedy one's representation" comes from the meaning of "habilitar" from the Royal Spanish Academy's *Diccionario de la lengua española* (DLE).

The poem also includes bits of dialogue from conversations with neighbors, their comments and complaints posted on the social media app Nextdoor, and some responses from

Mi uso del concepto "preposiciones" hace referencia al texto "a technology for processing prepositions" del ensayo *A Poetics of Proximity* de Honora Spicer publicado en *Jacket2*.

El texto "entre la cámara y la calamidad" viene del poema *I Can't Hear You When You're Screaming* de Carolina Ebeid. El verso "evento repentino e irrevocable" viene del poema "This and That" del libro *Arena* de Lauren Shapiro.

RUEDA DE LA FORTUNA

El verso "si un imperio fuera divertido" es del libro *World of Fairs: The Century-of-Progress Expositions* de Robert W. Rydell. El verso "el hecho histórico es una visión doble" viene de *Public Figures* de Jena Osman y los versos "necesita experimentar el presente / para empujar a la multitud temporal / que lo ve perderse en el residuo" son reescrituras de pasajes del mismo libro. Las expresiones "muy grandioso", "superabundante" y "majestuoso" fueron tomadas del catálogo enciclopédico de la World's Columbian Exposition, por ser los adjetivos más usados para referirse a la propia Feria. El texto "es una sensación indescriptible la de girar / a través de una órbita tan vasta en una jaula de pájaros" es de Robert Graves, citado en un artículo de Pagan Kennedy publicado en *New York Times* ("Who Made That Ferris Wheel?"). El texto "es un ejemplo sorprendente de imprudencia e hipocresía / pero la gente proyecta sus más nobles aspiraciones" es de León Tolstoi. El texto "estándar con el / que se compararía cada (...) posterior" es de Robert W. Rydell.

El término "minero de momias" viene del libro *Empires of the Dead: Inca Mummies and the Peruvian Ancestors of American Anthropology* de Christopher Heaney, en el que menciona que en la década de 1890 los escritores estadounidenses tradujeron el término "huaqueando" como "minería de momias". Este poema debe parte de su conocimiento sobre la *Peruvian Necrópolis* de la World's Columbian Exposition al libro de Heaney, a los comentarios de Laurel Ulrich en un video de la exposición *All the World is Here: Harvard's Peabody Museum and the Invention of American Anthropology*, y a la tesis del curador de la muestra y saqueador de tumbas, George Dorsey.

El texto "the coming of age of American anthropology" viene del libro *Coming of Age in Chicago: The 1893 World's Fair and the Coalescence of American Anthropology* de Curtis M. Hinsley y David R. Wilcox. Los versos "significa buen viento para los barcos y abierto / a la vista y al agregarle skin [designó estándar]" y "aparente discurso / agradable pero engañoso" toman como principio los significados de "fair" del *Oxford English Dictionary*.

Paramount Petroleum Corporation, the company marked as responsible for the environmental contamination.

The verse "empathy is an extreme" is based on the expression "empathy is an end point," which comes from a conversation between Solmaz Sharif and Rickey Laurentiis published in *Sublevel* magazine. My use of the concept "prepositions" refers to the phrase "a technology for processing prepostions" from the essay 'A Poetics of Proximity' by Honora Spicer published in *Jacket2*.

The text "between the camera and the calamity" comes from the poem "I Can't Hear You When You're Screaming" by Carolina Ebeid. The verse "sudden and irrevocable event" comes from the poem "This and That" from the book *Arena* by Lauren Shapiro.

WHEEL OF FORTUNE

The verse "if an empire were fun" is from the book *World of Fairs: The Century-of-Progress Expositions* by Robert W. Rydell. The verse "the historical fact is a double vision" comes from *Public Figures* by Jena Osman, and the verses "needs / to experience the present to push through the temporary / crowd who see it get lost in the residue" are inspired by passages from the same book. The expressions "magnificent," "superabundant," and "majestic" were extracted from the encyclopedic catalog of the World's Columbian Exposition, published shortly after the fair ended in 1893, since these were the most recurrent terms used to refer to the Fair itself. The text "it's an indescribable sensation of revolving / through such a vast orbit in a bird cage" is by Robert Graves and comes from an article by Pagan Kennedy published in the *New York Times* ("Who Made That Ferris Wheel?"). The text "is a striking example of imprudence and hypocrisy / but people project their most noble aspirations" is by Leo Tolstoy. The text "standard against / which each subsequent [machinery] would be compared" is by Robert W. Rydell.

The term "mummy mining" comes from the book *Empires of the Dead: Inca Mummies and the Peruvian Ancestors of American Anthropology* by Chistopher Heaney, in which he mentions that in the 1890s, American writers translated the term "huaqueando" as "mummy mining." This poem owes part of its knowledge about the *Peruvian Necropolis* at the World's Columbian Exposition to Heaney's book, to Laurel Ulrich's commentary in a video at the exhibition *All the World is Here: Harvard's Peabody Museum and the Invention of American Anthropology*, and to the thesis of the display's curator and grave robber, George Dorsey.

La cita "entre1880 y 1930 más de 25 mil personas indígenas / fueron llevades en barcos a ferias alrededor del mundo" es de Nancy Egan y proviene del libro *Dust Bowls of Empire: Imperialism, Environmental Politics, and the Injustice of "Green" Capitalism* de Hannah Holleman. El texto "el designio especial del cielo" es de John Cotton, ministro puritano y antecedente de la doctrina del Destino Manifiesto. El texto "florece hasta la llegada del fuego" viene del poema anónimo *The Phoenix*. El verso "la jaula es el penúltimo estado" viene de *The Desert* de Brandon Shimoda.

SPLIT-SCREEN

La pregunta "¿necesitamos que nuestras ruinas sean visibles?" viene de *Remember to Wave* de Kaia Sand. La obra del billboard a la que me refiero en varias partes de esta sección pertenece a la artista Karen Fiorito. Los dos últimos poemas se derivan de un poema sobre la experiencia de los talleres de Cartonera Collective en la librería *Palabras*, y que publiqué bajo el seudónimo Giancardboard en *Cardboard Minutes / Libro de cajas* de la serie de panfletos de *Tripwire*. Del mismo panfleto tomo el texto "cortar, coser comunidad", parte de un testimonio de Claudia Nuñez de Ibieta. El verso "es el paisaje de la rampa de salida" viene de *Asphalt Nation* de Jane Holtz Kay. Las citas del discurso presidencial en Phoenix vienen de la transcripción que publicó la revista *Time*.

ACERCA DE LAS TRADUCCIONES

Las traducciones de los textos del inglés al español son mías. En casi todos los casos he cambiado la disposición del texto en la página para impregnarle el ritmo, tono y visualidad del poema del que hace parte. También he realizado traducciones libres—interpretaciones / reflejos—para adaptar el texto al flujo y sintaxis de los poemas.

ACERCA DEL ESPACIADO

Los espacios de los versos varían entre las versiones porque las respiraciones visuales de los lenguajes son distintas. Estos han sido trabajados en conversación entre le autore y el traductor.

The text "the coming of age of American anthropology" comes from the book *Coming of Age in Chicago: The 1893 World's Fair and the Coalescence of American Anthropology* by Curtis M. Hinsley and David R. Wilcox. The verses "means favorable wind for ships and open / to viewing and when skin is added [it designated standard]" and "pleasant but misleading / apparent discourse" take as their starting point the meanings of "fair" from the *Oxford English Dictionary*. The quote "from 1800 to 1930 more than 25 thousand Indigenous people / were brought on ships to fairs around the world" is by Nancy Egan and comes from the book *Dust Bowls of Empire: Imperialism, Environmental Politics, and the Injustice of "Green" Capitalism* by Hannah Holleman. The phrase "the special commission from heaven" is by John Cotton, the Puritan minister, whose writings served as a precursor to the doctrine of Manifest Destiny. The verse "blossoming until the coming of the blaze" comes from the anonymous poem "The Phoenix." The verse "the cage is the penultimate state" is from *The Desert* by Brandon Shimoda.

SPLIT-SCREEN

The question "do we need our ruins to be visible?" comes from *Remember to Wave* by Kaia Sand. The billboard I refer to in various parts of this section is a work by Karen Fiorito. The final two poems stem from a poem I wrote under the pseudonym Giancardboard about the experience of the Cartonera Collective bookmaking workshops at Palabras Bilingual Bookstore. I published this poem in *Cardboard Minutes / Libro de cajas* as a part of the *Tripwire* pamphlet series. The text "cut sew create community" comes from the testimony of Claudia Nuñez de Ibieta in the same pamphlet. The verse "is the land of the exit ramp" comes from *Asphalt Nation* by Jane Holtz Kay. The quotes from the presidential speech in Phoenix come from the transcription published in the magazine *Time*.

ABOUT THE TRANSLATIONS

The translations of the texts from English into Spanish are my own. In nearly every instance, I've changed the shape of the text on the page to imbue it with the rhythm, tone, and visuality of the poem it forms a part of. I've also created free translations—interpretations / reflections—to adapt the text to the flow and syntax of the poems.

ABOUT THE SPACING

The spacing in the Spanish and English texts varies because each language has its own visual breath. The resulting spaces emerged from joint conversation between the author and the translator.

TRANSLATOR'S NOTE

Enormous thanks to all who helped this project emerge! Special thanks to my parents, Leah, Lita, Maggie, maryHope, Claudia, Niel, Angie, Marlyn, Oscar, Dulce, Shook, Lau, David, Olivia, Robin, JD, Nomi, Kari, Mick, Emmett, Lily, Tali, Matisse, Ren, Marianna, Kelsi, Brianda, June, Shanwte, RD, Rashaad, Heidi, Shantia, Marco, Miriam, Arath, Félix, Dennis, Amber, Omar, Nora, Forrest, Mónica, Chawa, Jeff, and Palabras Bilingual Bookstore, Ilana, Zêdan, Emily, Sophie, Brenna, Yaxkin, Elena, Claudina, Giancarlo, and you!

Working on this translation, I was often alone. Sitting at my kitchen table, or at the desk in my childhood room, or at some other lent surface. My laptop with a wider horizon thanks to an external monitor. My eyes darting between original text and translated draft and online dictionary and documents whose text had found their way into Giancarlo's text. When we talked through revisions, our faces would appear together on our screens. But this translation exists thanks to more than the two of us.

chip-toothed city glinting graveled names striped clear across the map in gridded asphalt strips the perforation screening shrill frontierish replays as they/we create through (re)creation land-grab legacies

There's a six-way intersection about a mile from where I currently live. Three major roads cross: one named with a number, one named for a civil war officer with no relation to Arizona, and one that cuts a rare diagonal through the city's perpendicular grid. This is the site of the Arizona State Fairgrounds, an aging concrete complex which plays host to Ferris wheels and gun shows, and whose eastern wall edges up against the backyard of the house where Giancarlo was living when we first met in January of 2017. That house is where I first learned to make books on slow Thursday evenings, and where, after several years living away from Phoenix, I began to (re-)develop a relationship with the city where I was born and formed. Re-being.

twirl the wheel the children's blankets crinkle *hear that?* crinkle arrival at

through held through felt the sand in teeth so we untie text to serve as new warped weft an unmasked scaffold swaying in the legalistic gust so

There's the theory. And the intertextual interventions. All the saliva on the market's wet lips. The question of how to hold tension? How to shift as the text shifts? How to embrace iteration and indeterminacy?

Strange to spend years with a text about the place I'm "from." About the place we met. & yet, to be apart. Screen-mirroring faces. Revisiting a time and place at a distance.

residual violence here words hold the charge nightmarish

smog in lungs an archive groaning its dead

How to maintain the shifts in registers? The tonal indications of power and erasure? How to harmonize new visual ~ sonic rhythms? When to not translate at all?

You took a word and asked its lost reflections to echo back

pour more concrete

trashed debris the drawn lines cast what shadow shadows space and language baked into each other's

At the time of our meeting, Giancarlo had already started writing poems that would eventually morph their way into [gamerover]. We first began working on our translations of these early iterations in 2018, and in the subsequent years I've watched the book cohere and then shape-shift through a number of different forms. I say our translations because, from the start, these English versionings of the text have been the result of collaboration. They're ours.

staging mounted sold on speculation spectacled and slavering the pixel splits a circuit pleats a hate cry crusts into signage

scroll unfurling cracked mapping a witness of the limits of document

ACKNOWLEDGMENTS

Thank you to everyone who in some way has contributed to the writing of this book. Especially to Rosa Alcalá for helping me give form to the sinuous trajectories of these poems. Many thanks to JD Pluecker, Mariela Dreyfus, Omar Pimienta, Maggie Messerschmidt, and Jose Antonio Villarán for their readings of progressive iterations of this book and the conversations about several of the themes that bring us together.

Many thanks to mis querides Ryan Greene, for his accompaniment as an advisor and translator into English of this book, and Shook, for their immeasurable support and their interest in publishing the translated version as part of the Phoneme series at Deep Vellum.

In its early version, this book was a finalist for the Premio Paz de Poesia, awarded by the Feria del Libro de Miami and the National Poetry Series. Thank you to the judge, the writer Lourdes Vázquez, for including that manuscript among the finalists.

Thank you to the journal *Tripwire* and its editor David Buuck for publishing early versions of some of these poems, awarding a micro-grant to Ryan Greene to support the translations, and inviting me to present this work at the Tripwire Cross-Cultural Poetics Series, a reading series co-organized with the Poetry Center at San Francisco State University.

Thank you to Lau Cesarco Eglin for including the first part of the section "Encanto" in her dossier of Latin American poets living in the United States who write in English in *Tupelo Quarterly*. Thank you to Olivia Lott for including the first part of the section "Twofolding" in her curation of Latin American poetry in translation, *Poesía en acción*, on the Action Books Blog. Thank you to *Temporales*, the magazine of New York University's MFA in Creative Writing, for publishing some first versions of poems in the section "Wheel of Fortune."

Poems from *[gamerover]* have also been included in the following anthologies: *Fuera de lugar/Out of Place*, published by Rialta Ediciones and Brown University's Department of Hispanic Studies, and edited by Roberto Rodríguez Reyes, Jamila Medina Ríos, Sebastián Antezana, and Irene Rihuete, and in *eXpuestXs: a lo experimental*, published by El Beisman and compiled by Maya Piña and Om Ulloa. My gratitude to all of them.

Thank you to Wendy Burk and Tyler Meier at the University of Arizona Poetry Center for gathering and providing the resources for the performance about the USAmerican presidents, which I reference in one of the poems in the book.

The writing of this book was possible thanks to the MFA in Creative Writing at the University of Texas at El Paso, with special thanks to Sasha Pimentel, José de Piérola, and Tim Hernández, professors in the program who revised early drafts of some of these poems.

Thank you also to Cecilia Vicuña, Susan Briante, Carolina Ebeid, Román Luján, Carlos Soto Román, Cristián Gómez Olivares, Maricela Guerrero, Legna Rodríguez Iglesias, Farid Matuk, Forrest Gander, Roberto Echavarren, Charlotte Whittle, Dolores Dorantes, Rafael Espinosa, Zêdan Xelef, and Alana Levinson-LaBrosse, friends present in some of this book's respirations.

Thank you to the community of poets and cultural workers in Phoenix, to Luis Avila, Ilana Dann Luna, Fredy López, Anna Flores, Candelaria Cuevas, Joel Salcido, Rashaad Thomas, Rosemarie Dombrowski, Shawnte Orion, Jake Friedman, Raquel Denis, Félix Castro, Ayo Bernal, Lázaro Fierro, Mi Lo, Chawa Magaña, Jeff Slim, Marlyn Cruz, Marcos Pico Rentería, Nuvia Enriquez, Casandra Hernández, Claudia Nuñez de Ibieta, maryhope|whitehead|lee, Kelsey Pinckney, Sophia McGovern, Rembrandt Quiballo, Ari Huerta-Crummey, David Crummey, and many more.

Many thanks to Arturo Higa, Teresa Cabrera, Alessandra Pinasco, and Carlos Carnero from Álbum del Universo Bakterial for believing in this work and publishing it in its original version in Lima, Perú.

Many thanks to Will Evans and the whole Deep Vellum team for orienting these counter-maps toward new trajectories.

Finally, immense thank you to Honora Spicer, for being central to the knowledge-flow of this book and my life.

AUTHOR / TRANSLATOR BIOGRAPHICAL INFORMATION

Giancarlo Huapaya (Lima, Peru) is an editor, writer, and curator. His most recent book, *[gamerover]*, is a counter mapping in poetry of a neighborhood in Phoenix, Arizona, revealing trajectories of supremacist violence by putting in tension history, language, and landscape. He is the Editorial Director of Cardboard House Press, a publishing house dedicated to the publication of Latin American literature in translation. As a curator of visual poetics, he has presented exhibitions at the Institute of Contemporary Art in Los Angeles, the University of Arizona Poetry Center, and the Mission Cultural Center for Latino Arts. As a literary translator, he has translated into Spanish works by Muriel Rukeyser, C.D Wright, Susan Briante, Carmen Giménez Smith and Zêdan Xelef, among others.

Ryan Greene writes, translates, makes, and caretakes books in "Phoenix, Arizona," the city where he grew up. His most recent translations include projects with Elena Salamanca, Claudina Domingo, Yaxkin Melchy, and Giancarlo Huapaya. Like Collier, the ground he stands on is not his ground.